最短でラク〜〜2000万

手堅く稼ぐ！

成長株

集中投資術

株の買い時 著

KADOKAWA

はじめに

　こんにちは、株の買い時です！

　僕は「株の買い時を考えるチャンネル」というYouTube
チャンネルと、「株の買い時を考えるブログ」を運営してい
る個人投資家です。

　その名の通り、いつも「株の買い時」を考えているのです
が、実際の投資にはほかにも考えることがたくさんありま
す。

・何を買えばいいのか？

・なぜ株価が上がったり下がったりするのか？

・どうすれば株価が上がる株を見分けられるのか？

・今、株式市場で何が起こっているのか？

・そもそも株式投資って何？

　株式投資に対するこうした疑問は、初心者はもちろん、あ
る程度レベルアップしている投資家にも次から次へと湧いて
くるものです。

　さまざまな個人投資家が抱える疑問に寄り添い、答えてい
くことを目指しています。

　2012年末に始まったアベノミクス相場以降、株式市場で

はたくさんの"億り人"が誕生し、１億どころか２億とか５億といった財を成した人たちの書籍やブログが大人気になっています。

一方、僕はというと、**100万円の資金を元手に年20%のペースでコツコツ増やしている**個人投資家です。収支はすべてYouTubeで公開しており、まだ億には届いていませんが、安定して収益を上げられるようになってきました。

"億り人"にあこがれて投資に興味を持つ人も多いでしょうが、**最初から億万長者を狙って株式投資を始めるのは、かなり危険**です。

利益を積み上げた結果として億に達したなら良いのですが、普通の人が10万円とか30万円程度でスタートして瞬く間に億人になったり、10倍とか100倍が達成できるほど株式投資は甘くはないからです。

現実には、むしろ**数十万円の手元資金をあっという間に失って終わり、というケースがとても多い**のです。せっかく株式投資に興味を持って、大切なお金を投じたのに、これではあまりにも残念すぎます。

株式投資は、始めたばかりの人が、いきなり大成功できるものではありません。

「投資の神様」といわれるウォーレン・バフェットでさえ、リターンの年率は20%程度といわれており、１年で資産を100

倍にしているわけではないのです。

　それなのに、投資を始めたばかりの初心者がいきなり資産を10倍にできるわけがないし、仮にできたとしても偶然で、再現性がありません。

　僕が目指しているのは、**初心者の勝率を１％上げること**です。たかが１％、と思うかもしれませんが、この１％を侮るべきではないと思っています。

　単純に上がるか下がるかだけなら勝率は50％ですが、これを51％にできれば、理屈上は永遠に負けよりも勝ちが上回り続けることになります。

　運に頼る投資は続けるほど勝率は50％に収れんしますが、51％であればやればやるほど儲かることになるからです。

　そして、当たり前ですが失敗したときの損失よりも、勝った時の利益を大きくできれば、さらに勝ちは大きくなります。

　再現性のない幸運で資産を倍にするよりも、再現性のある方法で勝率51％の手法を積み重ねていく方が、ずっと現実味があると思いませんか。

　運に任せてハイリスクな投資に賭けるのではなく、目の前の取引の勝率を上げるためにできることを着実にこなしていくことで、少しずつでも資産は増やしていけるはずなのです。

「でも、その程度だったら今流行りのインデックス投資とか、積み立て投資でもいいんじゃない？」

と思う人もいるでしょう。ハイ、その通りです。インデックス投資とは、あえて銘柄を選んだりせず、日経平均株価とかアメリカのS&P500指数といった市場全部とか、もともとあるグループ全部をまとめて買う手法です。

その指数と同じ成果が出るので、「株価が上がった！」というニュースが出ると、自分の資産も同じように上がっているわけです。

こういう指数に連動する投資信託を、何も考えずに毎月一定額買いつけていくのが積み立て投資で、誰でもできるぐらい簡単で効果の高い投資手法としてファンを増やしているのです。

手間をかけずに、市場に負けない程度にコツコツゆっくり資産を増やしていきたい人には、**インデックス投資を使った積み立て投資で良い**でしょう。

大切なお金を銀行口座に何年預けていても、この低金利下では永遠に増えません。銀行に眠らせるぐらいならインデックス投資や積み立て投資が1億倍有利であることには、まったく異論はありません。ジャンジャン積み立てをしたらいいと思います。

それでも僕が個別株投資をやっているのは、良い企業に

絞って投資をして市場平均を上回る利益を得たいからです。

　10倍20倍を狙っているわけではありませんが、株価が10倍20倍になってもおかしくない株を厳選して投資することで、自然と勝率は上がり、利益も増えるからです。

　そのための企業分析は実に楽しくて、全然苦にはならないのです。

　少子高齢化で経済は先細るとか、日本の株式市場はいまだにバブル期の高値を超えられていないとか、アマゾンやアップルのようなプラットフォーマーを生めない日本オワタとか、いろいろ言う人はいるでしょうし、全部事実でもあります。

　それでも、**僕に言わせれば日本の株式市場は宝の山**です。

　ここ数年で株価が10倍になった銘柄はたくさんありますし、2倍3倍程度ならそれこそ数えきれないほどあります。

　もちろん、インデックス投資や米国株など、ほかの投資にも違う魅力があるのですが、日本の個別株投資はなんといっても夢があります。

　億を狙うなと言っておいてアレですが、実際にそれを可能にするような銘柄はゴロゴロあるのですから。

　それこそ老後のための2000万円くらいなら、コツコツ何十年もかけなくたって、稼ぐことができると思っています。

　もちろん、株の初心者でも、何歳から始めたとしても、僕のやり方をしっかり踏襲してくれたら、もっともっと早道に

なると信じています。

　なぜなら、ごくごく普通のサラリーマンだった僕が達成できたのですから、みなさんにできないはずはありません。

　株式投資は本当に奥が深くて、勉強しても勉強しても学び足りないのですが、本書の第1〜6章では勝率を51％に高めるために誰にでも簡単にできる投資テクニックを紹介しています。

　これで株式投資の楽しさを実感できたら、ぜひ第7章以降の上級編も読んで、ステップアップを図ってください。

　それでは、一緒に勉強を始めましょう！

目 次
Contents

第1章
イナゴトレーダーの
華麗なる転身

第2章
日本の中小型成長株が最短で稼げるワケ

第3章
1割の「勝てる投資家」になるための第一歩

第4章
株の買い時流、
損しない投資の鉄則

第5章

5ステップで簡単!
賢い株の選び方・買い方

第6章
勝率を1%上げる、最高の売り方

第7章
常勝トレーダーに変わる企業分析必勝法

第8章
博打要素が面白い
「決算発表」の攻略

装丁	bookwall
編集協力	森田悦子
DTP	エヴリ・シンク
校正	鷗来堂

イナゴトレーダーの華麗なる転身

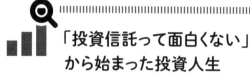

「投資信託って面白くない」から始まった投資人生

　この章では、自己紹介がてら、僕が今の投資スタイルにたどりつくまでの道のりをお話しします。

　僕が投資を始めたのは、2013年のことです。2013年というとアベノミクスが本格始動した、と言われることが多い年のため、その追い風を受けて初心者でも余裕で成功してそう、と思う人もいるかもしれません。

　実際、誰でも儲かる相場はありましたし、たくさんの「億り人」も生まれましたが、僕は見事に蚊帳の外に取り残されていました。

　うまくいったのは最初の数ヵ月だけで、あとは失敗ばかりのビギナー時代でした。

　直接のきっかけは、株式投資をしている父に、「お前もそろそろ株ぐらい始めた方がいいんじゃないか」と勧められたこと。

　父は僕が物心ついたころからずっと株の売買をしていた個人投資家です。一方僕は子どものころからパソコンが好きで、暇さえあればパソコンを触っていました。

　当時の父はまだ自分でインターネットでの取引はしていなかったようで、パソコンの前にいる僕に、「ちょっとＡ社の

株価を見てくれ」などと言ってくることがよくありました。そのたびにリクエストにこたえ調べていたので株式投資の存在は早くから知っていましたし、大人になったら株を買うものなんだなと漠然と思っていました。

　どうやら父は、僕もそろそろ投資を始める時機だと思って勧めてきたようです。

「最初は投資信託が始めやすいだろう」とか、「アメリカの不動産が熱いぞ」などと言うので、貯金を30万円ほど投じてよくわからないまま売れていそうな投資信託を買いました。

　子どものころから小遣い帳をつけて、収支が一致していないと次のお小遣いがもらえないという英才教育（！）を受けていたので、貯蓄はそこそこあったのです。

　しかし、実際にやってみると、**「意外と面白くないなあ」とガッカリしました。**株式市場が開いている間は刻々と株価が変動する株と違って、投資信託は1日1回しか値がつかない仕組みです。

　しかも、昨日と今日では値段がたいして変わりません。まあ確かに、不動産に分散投資している投資信託の値段が日々激しく動いていたら逆に怖いわけですが、とにかく「想像していた投資とはちょっと違うな。きっと投資信託だから面白くないんだな」と思って、すぐに売ってしまいました。

そして、やっぱり投資といったら株だろう、と証券口座を開きました。そこで、生まれて初めて買ったのが、ソフトバンク（現・ソフトバンクグループ）株でした。

ビギナーズラックで"イナゴ投資"が絶好調

　子どものころから身近にあったとはいえ、僕自身に投資に対する知識はまったくありません。まだまだ若くて世間知らずだし、経済への関心があったわけでもありませんでした。

　ソフトバンク株を選んだのも、とりあえず名前を知っている大きな会社の株を買っておけば間違いないだろうと安直に考えただけでした。

　ビギナーズラックとはよく言ったもので、僕のソフトバンク株はアベノミクス初動の勢いに乗って、投資した直後からグングン上昇しました。

　30万円ぐらいだった株価が1週間もしないうちに33万円になったのです。今でもそうですが、当時の僕にとって3万円は大金です。

　それがこんな簡単に、適当に株を買っただけで得られたわけですから、「株ってすげえな、余裕だな。会社辞めて株で稼ごうかな」と思うほど、調子に乗ってしまいました。

　軍資金を増やせばもっと稼げると思い、**給料やボーナスを**

どんどん証券口座に入金しました。

　投資する銘柄候補を探すのは、ネット掲示板の2ちゃんねる（現・5ちゃんねる）でした。当時はSNSが今ほど活発ではなく、口コミの情報源といえば掲示板だったのです。

　僕は2ちゃんねるの株のスレッドをひたすら見続けて、「この銘柄が熱い！」といったような書き込みがあると、即飛び乗っていました。**この行動はまさに、「イナゴ投資家」そのもの。**

　イナゴ投資家とは、インターネット上の情報やニュースなどの材料を見て、その銘柄に飛びつき買いする投資家のことです。

　SNSやネット掲示板の書き込みのほか、カリスマ投資家のポジショントークや、その会社が出すリリースやニュースなどに反応して、一斉に飛びつきます。

　イナゴ投資の主なターゲットとなるのは、時価総額の小さい銘柄です。

　大企業であれば時価総額が大きいので、個人投資家が束になって買いに行ったところでたいした影響力はないのですが、時価総額が小さく取引される株数も少ない銘柄であれば、**イナゴ投資家が飛びつき買いすることで簡単に急騰**します。

　ソフトバンク株を売却した後も、僕のイナゴ投資は絶好

調。買えば何でも上がって、ウハウハでした。

しかし、それも長くは続かず、その年の5月23日に日経平均株価が1143円安という歴史的な急落をしてからは、何をやってもうまくいかなくなりました。

今思えば、**その日まではアベノミクス相場の初動でなんでも上がっているような状況だったので、それに助けられていただけ**だったのです。

5月の急落を機に、短期的な上昇相場は終わり、日経平均株価の値動きは低迷。うまくいかないなぁ……と思いながらも、たまたま不運が続いているのだと思っていました。

最初の1ヵ月ほどで簡単に儲けられた日々が忘れられず、こんなはずじゃないと思っていたのです。

"イナゴトレード依存症"に苦しむ日々

イナゴ投資家は、一斉にイナゴ銘柄に飛びついても、少し利益を上げたらすぐに売って次に行ってしまいます。このため、上昇は長続きしないどころか、気がついたら暴落している、ということになります。

飛び乗るのが遅れたり、逃げ遅れたりすると悲劇で、短期間で大きな損を抱えてしまうことも少なくありません。

　実際、株価が短期間で一気に上昇して、それがあっという間に元に戻ると、株価の動きを示すグラフである「株価チャート」がタワーのような形になるので、「イナゴタワー」と呼ばれていました。

　当時の僕は、株はギャンブルだと思っていたので、こんなイナゴ投資のスタイルに疑問を持つことはありませんでした。

　上がると思って買った株が思い通りに上昇して利益を得たときの興奮といったら、それはもう、どんな娯楽にも代えがたいほど楽しくて、依存症のようになっていたのです。

　実際には、狙い通りに上がることなんてそんなにないのですが、うまくいったときの成功体験が忘れられないのです。どれだけ損を出しても「明日こそは！」と思ってやめられない。パチンコや競馬と同じですね。

　何も買っていないとそれだけで損したような気持ちになって、なんでもいいから買っていたような時期もありました。

　取引ができない土日や祝日はとてつもなく暇で、仕事は嫌だけど早く株を買いたくて、月曜日を心待ちにしていたほどです。

　結局、当時のイナゴトレードは勝ちより負けが大きく上回り、トータルでその年は60万円の損失を出すことになりました。

"イナゴトレード"からの脱出

　翌年も変わらず、2ちゃんねるの情報を参考に、朝の通勤電車で買って昼休みに売るようなイナゴデイトレードを続けていました。

　しかし、その年の年末が近づいたころ、おそるおそる1年の収支を計算したところ、どうやら100万円ほどのマイナスになっていることがわかりました。

　うすうすわかってはいたものの、2年連続でこれだけの損失を出してしまった現実に直面すると、さすがに、「自分の投資は間違っている」ということを認めざるを得ませんでした。

　「同じことを繰り返しながら違う結果を望むこと、それを狂気という」の名言を思い出し、**イナゴ投資とは縁を切ることを決意。**

　その日からは、暇さえあれば書店に足を運んで本を買いあさり、片っ端から読む日々を3ヵ月ほど続けました。

　もともと、生きていくための最も重要なスキルはお金に関することだと思っていたので、株式投資の本はもちろん、お金関連の本を幅広く読みました。

　どうやったら株式投資に成功できるのか、金持ちはどうやって金持ちになれたのか、実用書から自己啓発寄りの本まで、ひたすら乱読です。

　ちょうどそのころ、仲良くさせてもらっていた勤務先の先輩が会社を辞めるというので、最後に2人で飲みに行きました。その先輩が、「実は俺、副業してるんだよね」と打ち明けてきました。

　いったい何の副業をしているのかと尋ねると、ブログだというのです。

　ブログの存在はもちろん知っていましたが、単なる日記のようなものだと思っていたので、会社を辞められるほど稼げるという事実に驚きました。

　そこで僕もさっそく、見よう見まねでブログを立ち上げてみることにしました。

意外と株はシンプルに出来ている

　もともとファッションや靴、家電など、幅広い分野に関心があったので、当初はまさに雑記という感じでさまざまなカテゴリの記事を書いていました。

　それでも一応、株取引の経験はあるし、何よりひたすら本

を読んで勉強していたところだったので、株式投資のカテゴリも設けました。

　これまでは、何をしている会社かも知らずに飛び乗るイナゴ投資家でしたが、せっかく勉強もしていることだし、自分なりに人気のある銘柄や個人投資家の注目度の高い銘柄について分析したり評価したりする記事を書いてみることにしたのです。

　記事化する銘柄は、興味を持つ人が多いと考えられるトヨタ自動車やソニーといった大型株が中心でした。

　しばらくの間、さまざまなカテゴリで記事を公開していったところ、株式投資の記事が突出して読まれていることに気が付きました。

　株の記事ってこんなに需要があるのか、と驚くと同時に、ブログの記事としてアウトプットを続けたことで、自分の銘柄分析やその重要性に対する理解も深まっていくのが実感できたのです。

　記事を書くために特定の銘柄について情報収集したり、分析したりしていくうちに、僕が長い間引っかかっていた「株価はどうして上がったり下がったりするのだろう？」という問題がクリアになってきました。

　詳しくは後の章で解説しますが、その結論は実にシンプルで、**株価は最終的には業績に連動する**のだとわかりました。

「いやそれ、当たり前だろ？」というツッコミが入るかもしれませんが、僕自身も理屈ではわかっていました。でもそのとき、初めてそれが心底腹落ちしたというか、根本的に理解できた気がしたのです。

　企業の業績を見て、これだったら株価はこれぐらいまで上がってもいいとか、この業績だったら今の株価は高すぎるといったことを、自然に考えられるようになってきたのです。

「上がる銘柄情報」は、 お金を失う最短ルート

　それからは、イナゴではない、正しい株式投資の試行錯誤が始まりました。

　決算書にトライしてみたり、業績の推移をチェックしたりしていると、「だからこんなに株価が上がったのか」「これじゃあ下落するはずだ」と、株価の変動の理由が納得できるようになったんです。

　それが理解できるようになると、決算や業績の推移をチェックするなんて嫌でも面倒でもなくなり、むしろ業績を見ているからこそ楽しいと感じます。それと同時に、**業績をまったく見ないで投資をしていた昔の自分が怖くなりました。**

　これまでの僕は、**「運」と、飛び乗る「スピード」が命運を分ける**投資をしていました。

業績も見た方がいいだろうとはわかっていましたが、面倒だし難しそうなので、手っ取り早く上がりそうな銘柄情報を取りに行くことが近道だと思っていました。

　しかし実際は、こうした行動はむしろ、お金を失う最短ルートだったのです。

　勝率を上げて資産を増やす武器となるのは「知識」であり、それに基づいた行動をするのが結局は近道なのだと痛感しました。

　ブログの記事も、アウトプットを続けることで大きなメリットがありました。

　人が読むに堪える精度の分析をしなければならないというプレッシャーのもとで、**記事を積み上げていくほど、自分自身の理解が深まり大きな学びを得られた**のです。

　こうした日々を続けながら、自らの投資でも、銘柄を選び、チャートを見て買い時と売り時を判断する現在の投資手法に行き着きました。

　ある程度包括的に学んだうえで省エネを考えていくことで、よくわからないまま手抜きをするよりも効率を高めることができたように思います。

　何より一番うれしいのは、**今の投資手法に落ち着いてからは、年20％の利益を安定的に出していくことができるようになった**ことです。

　ただ、ブログはPV数が伸びても、読んでくれている人の

生の声を聞く機会があまりありません。

　問い合わせフォームで「この銘柄について分析してください」といったリクエストを時々受けるぐらいで、どの程度役立ててもらえたのか、どんな感想を持たれたかといったことはよくわからない点は、やや残念に感じていました。

　ちょうどそのころ、YouTubeが盛り上がりをみせていました。そこで、試しにブログと同じような内容の動画を投稿してみたところ、初めての投稿だったのにもかかわらず、意外と視聴数が伸びたのです。

　YouTubeでは動画を投稿するだけでなくライブ配信もでき、チャットを使ってリアルタイムで視聴者とやり取りが可能です。やってみると、これが本当に楽しいのです。

　ビギナーから上級者まで、株に興味がある人たちがオフ会とか飲み会みたいにワイワイしてくれて、観てくれている人の声を反映しながらコンテンツを改善したり、リクエストにこたえる動画を作ったりが簡単にできます。ブログよりも手ごたえが大きくて、軸足をYouTubeに移しました。

　僕のチャンネルは株の売買の上級者や中級者の人もたくさん観てくれるのですが、やっぱり圧倒的に多いのは「株を始めたばかり」とか、「これから始めてみたい」という初心者の人たち。

　僕自身、初心者のころに無茶なイナゴ投資で大損したり、

難しい専門用語が多すぎて勉強するのが面倒になった経験があるので、僕のチャンネルを観てくれている人たちにはこういう経験をしてほしくない、ということを最大のモチベーションにしています。

そのため、なるべく専門用語は使わずに、使わなければいけないときは必ず説明を加えて、初心者の人たちが「難しい」と市場から離脱することがないよう、楽しみながらスキルを上げていけるチャンネルを目指しています。

株式投資で、将来の「老後問題」も解決！

僕が投資を始めてよかったなと思うことのひとつに、経済的な自由を手に入れたことがあります。

まだ一生遊んで暮らせる額を稼いだわけではありませんが、手元の資金を着実に増やしていける方法を知ったことで、お金の心配や将来の不安がなくなり、仕事も面白くなかったら辞めていいのだと思えるようになり、気持ちがラクになりました。

基本的には質素な生活をしていますが、本当に欲しいものがあったときに値段であきらめることがなくなったし、住みたい部屋に住めています。

今思えば、会社員の給料しかなかったころは、我慢して狭

い部屋に住んだり、後輩におごってあげられなくて決まりの悪い思いをしたり、ストレスを抱えていたなあと感じます。

ちょうど僕がYouTubeを始めたころ、いわゆる「老後2000万円問題」の議論が紛糾していました。メディアが大騒ぎしていたのを思い出します。

金融庁の有識者会議が、夫婦で95歳まで生きるには、自身で2000万円ほどの老後資金を準備するのが望ましいという内容の報告書をまとめたことで、「そんな大金用意できない」とか「年金制度は破綻するのか」と大炎上を招いた問題です。

結果としては、若い世代を中心に投資に対する関心が高まり、証券口座を開設する人が相次いだようです。

2000万円という金額はともかくとして、**少子高齢化が進んでいるのは変えようのない現実**です。

老後もそこそこ充実した生活を送りたいなら、年金だけに頼るのではなく、自分でもある程度は用意する必要があるでしょう。

僕らの祖父母世代であれば、現役時代にコツコツ貯金しておけば10年ぐらいで倍にできたわけですが、今は貯金してもしょうがない世の中です。

老後の経済的自由を手に入れるには、「リスクを負って増やす」という姿勢は、不可欠になっていると思います。

実際、年金の資金を管理運用しているGPIF（年金積立金管理運用独立行政法人）は、積立金を株にも投じています。「自分は投資なんてしてない」「投資はギャンブルだから怖い」と言っている人の年金も、実際は株で運用されているのです。

　株式投資をすれば誰でも秒速で億万長者になれる、ということはあり得ませんが、僕の初心者時代のような間違った投資じゃなくて、**正しい投資を続ければ、2000万円程度の資産をつくるのは難しくないし、誰でもできる**と思っています。
　安定した利益を出せるようになってくれば、老後に不安を感じることはなくなります。
　こうしたメリットはやっぱり、**リスクを負った人だけが得られるご褒美**なのではないでしょうか。

「運」だけでは永遠に勝てない！

　僕が株式投資に関する本を片っ端から読んだ中で印象に残っているもののひとつに、カリスマ投資家であるcisさんの『一人の力で日経平均を動かせる男の投資哲学（KADOKAWA）』があります。
　cisさんは、株のデイトレードなどで230億円もの資産を

築いた個人投資家で、とにかく動かすお金のボリュームがハンパないため、本のタイトルにもある通り、日経平均株価を動かせるほどの影響力を持っています。

　僕の友人知人や動画を観てくれる人たちの中にも、彼にあこがれて株式投資を始める人が多くいます。

　目標を大きく持つこと自体は悪いことではありません。しかし、cisさんは特別な存在で、誰もが目指せるようなモデルではないと思います。

　株式投資を実際にやってみると、多くの人がそんな簡単には稼げないことと、意外に簡単に損失が出てしまうことに気づきます。

　そこであきらめてやめてしまう人と、どうすれば稼げるんだろうと考える人に大別されると思います。

　残念ながら、どんなに頑張っても230億円を稼ぐcisさんのレベルに近づける人はなかなかいないでしょう。ただ、知識を得ながら経験を積んでいくことで、今よりも１ランクとか２ランクぐらい、豊かな生活を手に入れることは誰でもできると思っています。

　僕の場合、株式投資で年20％増やしていくことができていますが、このぐらいならちょっと頑張れば難しくありません。

　年10％でよければもっとハードルは低くなります。230億に比べればショボいでしょうが、**銀行預金の利率に比べ**

たら夢のような成績です。

　年20%や10%の利益は、ハッキリ言えば勉強なんてしなくてもマーケット環境が良い年なら、誰でも実現できます。

　ただ、**それを何年も継続していくには、運に頼らない武器が絶対に必要**です。

　僕は投資を始めてから勝てるようになるまで３年かかりましたが、周囲の成功している投資家に聞いても似たようなことを言っています。

　最初は必ず失敗し、それでもあきらめることなく自分の勝ちパターンを探した人が成功にたどり着いています。

　前述した通り、投資初心者に僕のような失敗をしてほしくなくて、YouTubeの発信をしていますが、それでも失敗をゼロにすることはできないでしょう。

　けれど、その失敗と、くじけずに勉強したり研究したりした経験は、決して無駄にはならないと思います。

　次の章からは、試行錯誤してたどり着いた、勝率を上げるための僕の手法を紹介していきます。

　株式投資にはたくさんのスタイルがあり、正解はひとつではないのですが、シンプルでトライしやすい方法なので、ぜひ参考にしてみてください。

第2章

日本の中小型成長株が最短で稼げるワケ

株価が2倍3倍が当たり前な中小型株

　僕の日本株投資では、投資する対象を「中小型」の「成長株（グロース株）」に絞っています。**トヨタ自動車やソフトバンクといった大企業、要するに大型株には、ほとんど投資しません。**

　まずは、なぜ成長株のみに絞っているかを説明します。中小型か大型かというのは何をもって判断するかというと、企業の時価総額です。**時価総額とは株価に発行済み株式をかけた数字で、株式市場が評価した企業の価値を表します。**

　上場銘柄は時価総額の規模で大型、中型、小型に分けられるので、中小型株に絞っているということは、**大型株に投資しない**ということにもなります。

　日本企業で最も時価総額が大きいのはトヨタ自動車で、26兆円の"大型株"の筆頭です。大型株は誰もが名前を知っている大企業が多く、業績も安定している傾向が強いといえます。

　投資対象としては魅力的であるようにも見えますが、こうした大型株と中小型株で、いったい何が違うのでしょうか。**それは、「伸びしろ」の大きさ**です。

　たとえば、「業務スーパー」を展開する神戸物産（3038）

は、2006年に上場した当時の時価総額は400億円程度でした。

それが、業務スーパーの快進撃で株価はグングン上昇し、2020年末の時点での時価総額は8700億円を超えています。

この間に株式を分割しているので**単純な比較はできないのですが、企業の価値は20倍以上になっている**わけですから、単純に計算すれば株価も20倍以上になっていることになります。図1のチャートを見れば、一目瞭然です。

実際、神戸物産は近年の代表的な「テンバガー」（株価が10倍になること）銘柄で、神戸物産への投資でひと財産築いた個人投資家は相当数いるはずです。

図1　神戸物産（3038）の月足チャート

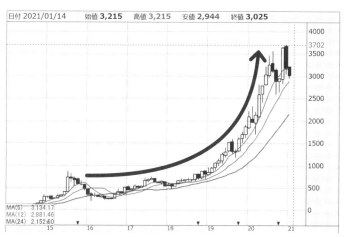

2016年から2020年前半までの株価上昇がすさまじい

出典：株探　https://kabutan.jp/

時価総額が400億円だった神戸物産なら、株式市場で人気が集まれば比較的簡単に株価は2倍3倍と上昇しますが、26兆円もの巨体であるトヨタ自動車の株価を2倍にするというのは難しい。ましてやテンバガーを狙うとなると、あのアップルを超えて世界一の企業になることになるので、ちょっと考えにくいでしょう。

　売上高が何兆円という規模の会社が売上を2倍にするのは非常に厳しいけれど、**中小型株ならもともと規模が小さいので、短期間で売上を倍増するような会社はゴロゴロある**のです。

　実際に、株価10倍を狙って投資するかどうかは別の話になりますが、**投資するなら成長と株価の伸びしろが大きい企業を狙う方が勝ちやすいのは当然のこと**です。

日本株の低迷は、大型株の低迷

　2008年のリーマンショックでは、世界中の株式市場が株価の暴落に見舞われました。その中で、日本の株式市場は、米国や他の先進国や新興国と比べると回復が遅かったように感じます。

　その間に世界第2位の経済大国の地位を中国に奪われ、「日本株は上がらない」だとか「日本経済オワコン」と言われたりもしました。

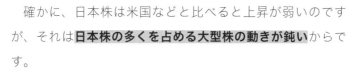

確かに、日本株は米国などと比べると上昇が弱いのですが、それは**日本株の多くを占める大型株の動きが鈍い**からです。

日経平均株価やTOPIX（東証株価指数）といった日本の代表的な株価指数はどうしても大型株の影響が大きくなるのであまり上がっていないように見えますが、**中小型株に限って見れば、業績が絶好調で、株価も１年や数年で２倍３倍になるようなお宝銘柄がたくさんある**のです。

ただ、大型株には、中小型株にない魅力もあります。時価総額が小さい銘柄の株価は上にも下にも変動しやすくなりますが、大型株は業績も株価も安定している傾向があります。

あなたがもし資産５億円を持っているなら、リスクを取って増やすより、今ある資産を守る方が重要です。リスクを取ってテンバガーを狙わなくても数％の成長で十分なので、値下がりのリスクが小さい大型株に投資する方がいいでしょう。

ただ、大型株の中から選ぶ場合でも、次に説明する成長期待を評価する観点は必要だと思っています。

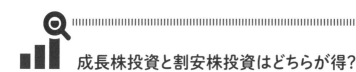

成長株投資と割安株投資はどちらが得？

株式投資の手法は、**成長株（グロース株）投資と割安株（バ**

リュー株）投資に大別されます。

　成長株投資とはその名の通り、将来性や成長性を重視して銘柄を選ぶ投資です。

　株式投資では安く買って高く売ることで利益が出るので、買うときの株価が割安かどうかも重要な判断基準になるわけですが、成長株投資ではこうしたことは気にしません。

　むしろ、**割高であっても今後の業績や株価の成長を見込めるのであれば、どんどん投資します。高いものを買って、もっと高く売ることを目指すイメージ**です。

　一方、割安株投資は、その企業の業績や持っている資産などで評価する本来の価値よりも、安い株価がついているときを狙って投資し、適正な株価まで上昇するのをじっくり待つ投資のこと。

　「投資の神様」と称される投資家ウォーレン・バフェットの手法としても知られています。

　割安さを測る株価指標などで客観的に評価しやすいうえ、銘柄間での比較もしやすいので、選びやすいという特徴があります。

　また、もともと本来の価値よりも株価が安くなっているときに買うので、**買った後にさらに株価が大きく下がるリスクが比較的小さい点もメリット**といえます。

　しかし僕は、「なんとなく安全そうだから」とか「高くなっている株に飛び乗るのは怖いから」といった理由で、安易に

割安株投資を選ぶのは危険だと考えています。

　日本株には確かに、割安なまま放置されている銘柄がゴロゴロあります。

　たとえば、割安度を測る株価指標のひとつにPBR（株価純資産倍率）というのがあります。

　会社とは株主のものなので、仮に会社が企業活動をやめて解散して、株主で資産を山分けした場合の1株あたりの価値（1株あたりの純資産）に対して、株価が何倍であるかを示しています。

　PBRは小さいほど株価は割安ということになります。1倍を下回っていると、会社を解散して株主で資産を山分けした方が株を持っているよりお得ということになるので、**解散したときの価値と株価が釣り合っている1倍は「解散価値」が同じ水準と判断されます。**

　まともに企業活動をして利益を出している会社の株価が、解散価値を下回っている状態は、異常に安い状態であるということになります。**しかし、現実にはこの状態が長く続いている株がたくさんあります。**

　たとえば、超有名な総合商社の三菱商事（8058）のPBRは0.76倍（2021年1月14日時点）と非常に割安です。しかも、**PBRが1倍を切っている状態は、もう何年も続いています。**

　株価は人気があって買いたい人が多ければ当然上がります

が、**何年も解散価値を下回り続けているということは、株式市場では不人気**ということになります。

　こうした割安さを評価したのか、2020年8月にウォーレン・バフェットがこれらの商社株に投資したことが判明して話題を集めました。しかし、その後の株価もそれほど上がってはいません。

　相場環境が変われば評価も変わるでしょうが、現状の割安株は長い間割安のまま放置され、日の目を見ない状況が続いているのです。

　また、**割安株はPBRが1倍を切っているものに投資をすればいずれ上がる、というほど単純ではありません。**

　たとえば、PBRの計算のもとになっている会社の資産が現金や上場企業の株であれば比較的簡単に評価できるでしょうが、不動産や機械、在庫などでは本当にそれだけの評価ができるかどうか疑わしいものもあるのが実情です。

　その中身次第では、とても割安とはいえない企業かもしれません。

　「安物買いの銭失い」ということわざもありますが、安かろう悪かろうの企業では意味がないので、本物のバリュー投資家は**企業が持つ資産に本当に価値があるかどうかを徹底的に検証**します。

　それには「有価証券報告書」といって、会社の資産の内容をはじめさまざまな情報が書かれている分厚い資料を読み込

んで、分析する必要があります。

　もちろん、これとは別に、**いわゆる財務三表（損益計算書、貸借対照表、キャッシュフロー計算書）を読み込んで中身を分析するのは当然**で、専門知識のない人にとってはハードルの高い分析をしているのです。

　要するに割安株投資は、まじめにやろうとすると、思った以上に専門的な知識や分析の時間が必要です。

　当然ながら、相当勉強する必要があるわけですが、**結果が出るまでに長い時間がかかるうえ、そもそも結果が出ないことも多く、報われにくい投資**だといえるのです。

高配当銘柄は"買い"なのか

　株式投資の利益には2種類あります。

　ひとつは、株価が買ったときよりも上昇することで得られる値上がり益など（キャピタルゲイン）。もうひとつは利益の一部を株主に還元する配当金など（インカムゲイン）。

　配当金は株を持ち続けているだけで、定期的にチャリンチャリンと入金されるので、銀行預金に入れておいてもお金が増えない状態にあってはとてもありがたい収入です。

　今流行りのFIRE（経済的な自由を得て早期リタイアする

こと）を目指す人にとっても、リタイア後の収入源として大注目されています。

　実際、今の日本の株式市場には、３〜５％ほどの配当を得られる高配当銘柄がたくさんあるので、こうした銘柄をかなりの株数所有することで、年に何百万円もの"不労所得"を得ている人は結構たくさんいます。

　こうした"配当生活"にあこがれる気持ちはよく理解できるのですが、中途半端な資金しかない状態でやっても、正直あまり意味がありません。

　たとえば、3000万円を年に３％の配当利回りの銘柄に投じている場合は、年90万円の配当が得られます。

　実際は２割ほどの税金が引かれるので、手にできるのは72万円程度。これで生活するのは無理でしょうが、ひと月あたり６万円の副収入にはなるので、トライする価値はあるでしょう。

　しかし、手元資金が30万円の人が同じことをやっても、意味があるとは思えません。年に受け取ることのできる配当金は、7200円ほど。これでは、ちょっとおいしいものを食べに行ったり、洋服を１枚買えばそれで終わってしまい、大きく生活を変えることはできません。

　手元資金の少ない人の場合、配当収入を狙うよりも、まずは元本を増やすことを優先する方が意義があると思います。

配当より株価を上げてもらった方が株主はトク

受け取った配当を再投資すれば、お金はどんどん増えていくのでは？という考えもあるかもしれません。それもアリだとは思いますが、効率としては成長株投資に大きく劣ります。

というのも、高い配当を出している企業は、業績の大きな成長は見込めないことが多いのです。**業績が大きく成長しないということは、株価も成長しない**ということになります。

そもそも、業績成長を目指す会社は配当を出さないか、出してもわずかで、余った利益は次なる成長のための投資に回すものです。

次のページの日足チャート（図２）は、エムスリー（2413）という医師向け情報サイトの会社です。

製薬会社を顧客とする高収益なビジネスモデルで、長い間業績と株価の成長が続いて時価総額が膨らんだため、もう中小型とはいえなくなってしまいましたが、**日本を代表する成長株のひとつ。まさに"キング・オブ・成長株"といえるような存在**です。

同社は0.1％前後のわずかな配当しか出していません。余ったお金は次なる業績成長に向けた投資に回しており、そ

43

図2　エムスリー(2413)の日足チャート

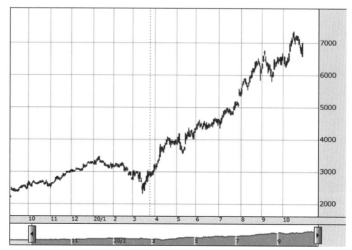

大型株の仲間入りをした後も、株価が上がり続けている"キング・オブ・成長株"。
出典：株探　https://kabutan.jp/

の結果としてさらに業績が伸び、株価も上昇しています。

　株価も直近１年で倍以上になっています。株主にしてみれば配当がわずかであっても株価が大きく上昇した方がよほど儲かるし、うれしいですよね。

　成長している会社の多くは同じ傾向があり、**成長株でなおかつ高配当という銘柄は聞いたことがありません。**

　株価がバンバン上がっている会社を調べてみればわかりますが、その多くは配当を出さない無配企業か、出していてもわずかです。

　企業が業績を上げるには、設備投資をしたり、優秀な人材

を採用することが必要です。

お金を使って基盤を整えることで、さらなる成長が見込めるのです。

高配当銘柄が高い配当を出せる理由

では、高配当と言われる会社は、なぜ高い配当を出せるのでしょうか。

それは、今後の高い業績成長が見込めないため、株価成長を期待する投資家の注目を集められない分、高配当で投資家の気を引いているのです。

株価上昇があまり見込めない代わりに、高い配当で株主に報いようとしているわけです。

けれど、株主に配当を出すというのは、会社の資産を切り崩すことと同じです。仮に配当を出さずに設備投資をすれば、お金は出ていっても会社の資産は別の形で残り、それが新たな利益を生み出すこともあります。

株主が配当を受け取るということは、将来の利益を生み出すかもしれない資産を、先に受け取ってしまうことになります。

それ自体に良し悪しがあるわけではなく、投資家の判断と

なりますが、僕は少額の配当をちょこちょこもらうよりも、**将来の株価を大きく伸ばす可能性がある企業に投資をしたい**と考えています。

　また、「配当狙いの投資はリスクが低い」というイメージを持つ人も多いのですが、これに対しても僕はあまり賛成できません。

　なぜなら、高配当を出す企業は、最後に残った利益の半分以上とか、7割以上といった高い割合で配当に回していたりと、ちょっと無理をしていることが多いからです。

　このため、**業績が悪化すると高い配当を維持できなくなる危険性もあります。**

　実際、2020年の新型コロナウイルスの感染拡大で多くの企業が業績悪化に苦しみ、日産自動車やキヤノンなど高配当で人気だった企業が配当を減らす「減配」に踏み切りました。

　こうした高配当企業の株は配当狙いの株主が多いため、**減配を発表したとたんに株は叩き売られます。**

　そのような銘柄の場合、業績が悪化すると減配のリスクが上乗せされるため、業績の悪化分以上に株価が暴落するリスクを抱えていることになります。

　さらには、あの財務健全な最強高配当銘柄と言われたブリヂストンでさえ、米中貿易摩擦のダメージにコロナが追い打

ちとなり、ついに減配。このニュースは世間に大きなインパクトを与えました。

NISA口座で高配当株を買うのは正解?

また、利益が非課税となるNISA（少額投資非課税制度）口座での人気銘柄ランキングを見ると、こうした高配当銘柄が上位にいくつもランクインしているのですが、これもナンセンスだと思います。

2020年現在、個別株に投資ができる一般NISAは年120万円投資できるので、この120万円で4％の高配当に投資すると、年4.8万円の配当を受けることになります。

この4.8万円の配当に対する課税は約9600円なので、NISAで節税できる額は9600円。それがうれしい人はいいのでしょうが、僕に言わせれば**せっかくの非課税枠をわずか9600円得するために使うのはもったいない**気がします。

株価が2倍を狙えるような株を買って、思い通りに上昇すれば120万円の利益になるのですから、それをNISAに充てれば約24万円もの節税がかなうわけです。

当然、リスクは高くなりますが、そちらの方がよっぽど夢があると思います。

株主優待は人生の楽しみを増やす
手段のひとつ

配当のほかに、個人投資家が魅力に感じる対象として、株主優待があります。

その企業の商品のほか、地方の特産品やカタログギフトやQUOカード、飲食や小売りであればその企業の店舗で使える金券がもらえたりします。株主優待が欲しくて株式投資を始める人も多いでしょう。

こちらも配当と同様に、突然企業が株主優待の廃止を発表して株が叩き売られるということはよくあるので、「優待廃止リスク」はかなりあります。

ただ、優待はお金ではなくモノやサービスを受け取るものなので、**必ずしも配当と同列に考えるものでもない**かな、というのが僕の考えです。

受け取ったことのある人ならわかると思いますが、株主優待を受け取ると、けっこううれしいものです。すごくトクした気分になれたり、株式投資自体が楽しくなったりと、お金では換算できない価値を感じる人もいます。

お金を増やすことだけが目的であれば、**配当金をもらうのは最短距離ではありませんし、優待も同じではありますが、株主優待そのものを楽しむのであれば、それはアリ**なのではないでしょうか。

　ただし、この本の投資対象である中小型の成長株では、配当と同様、優待を出している企業はあまりありません。

　また、「値上がり益も優待も」と欲張ると、売らなければならない局面で、「優待が欲しいからなあ」と迷ってしまうことにもなりかねません。

　値上がり益を狙う投資と優待を狙う投資は、しっかり区別するのが良いと思います。

第3章

1割の「勝てる投資家」になるための第一歩

個人投資家が負けるふたつの理由

以前、読んだ本の中に、「個人投資家の9割は損をしている」と書かれていました。それが本当かどうかはわかりませんが、僕の体感とはかなり一致しています。

前の章でお話しした通り、僕自身も株を始めて3年は負けの連続でしたし、周りの話を聞いていても、やっぱり**負けている人が圧倒的に多い**からです。

SNSや書店などでは成功した個人投資家の話が何かと派手に取り上げられていますが、それはごく限られた人たちの話で、**その裏には損失を出している人や、負けて市場を去って行った個人投資家がたくさんいる**のです。

個人投資家が勝てないのはなぜでしょうか。その理由は大きくふたつあると考えています。ひとつは**「損切りができない」**ことです。

損切りとは、利益が出ると期待して買ったのに下落してしまったときに、売却してその損を確定させることです。

思うように上昇しなかった場合は、損失が大きくなる前に仕切り直して、その資金を次の投資にあてるのが合理的です。

理屈では、それが正しいことは誰でもわかるのですが、い

ざその渦中に来てしまうと、「少し待てば株価は戻るので
は？」とか「もう少し買値に近づいたら損切りしよう」など
と言いながらズルズル先送りし、結果として損を拡大させて
しまいます。

　損切りは非常につらく厳しい判断です。損失を確定させる
ことはもちろん、自分の投資が間違いだったと認めるダメー
ジは大きいうえ、待っていれば本当に株価が回復することも
実際にあるので、なかなか決断できません。
　ただ、損切りに踏み切れずに苦しむこと自体は、投資家の
落ち度ではありません。**そもそも人間は、損切りが苦手なよ
うにできているから**です。ちょっと試しに、次の質問に対す
る答えを考えてみてください。

Q1　あなたはどちらを選びますか？

A: 無条件で500円もらえる

B: コイントスをして表が出たら1000円もらえるが、
　裏なら何ももらえない

Q2　あなたはどちらを選びますか？

C: 無条件で500円失う

D: コイントスで表が出たら1000円失うが、
　裏なら何も失わない

実はどちらを選んでも期待値は同じです。

　たとえば、Bの場合は、2分の1の確率で1000円もらえるので、100％の確率で500円もらえるAと期待値としては変わらないことになります。CとDに関しても同様で、期待値は同じです。

　しかし、多くの人は迷うことなくAとDを選びます。というのも、**人は利益は小さくてもいいから確実に受け取りたいと望み、損失はたとえそれが大きくなるリスクがあってもゼロになる可能性に賭けようとする**からです。

　これは行動経済学で「プロスペクト理論」と呼ばれ、人は不合理な行動をしてしまうことを示しています。

　投資行動にもダイレクトに表れるもので、投資した後で思惑通りに上昇すると、利益がもっと伸びる可能性があっても目の前の小さな含み益（まだ確定していない利益）を、売却して確定したくなってしまいます。

　逆に、思惑に反して下落し、含み損（まだ確定していない損失）が出てしまうと、この後さらに損失が膨らむ可能性があっても、一か八かで損がなくなる可能性に賭けて損切りを先送りしてしまうのです。

　個人投資家はプロの機関投資家とは違って自由に意思決定ができるので、感情の赴くままに取引してしまいがちです。

しかし、人の感情は利益を小さく、損は大きくするように初期設定されているわけですから、これでは一生勝てないのです。

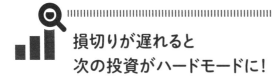

損切りが遅れると
次の投資がハードモードに!

僕がこれまでに最も影響を受けた本のひとつである『オニールの成長株発掘法』(ウィリアム・J・オニール著、パンローリング)では、「株式市場で大きく勝つための一番の秘訣は、毎回正しい判断を下すことではない。間違った判断を下したときにできるだけ損失を抑えることなのだ」と述べています。

また、「損切りは、回復不可能になるほどの大きな損失を被る可能性から身を守る、たったひとつの方法なのだ」という記述もあります。

僕はオニールの教えに従って、**7〜8%まで損失が出る前に必ず損切りをしています。**

仮に7%のマイナスで損切りした場合、次の投資で8%の利益を出せば失った資金を回復できます。

しかし、損切りの判断が遅れて損失が20%になってしまうと、元手を回復するにはそこから25%上昇するか、次の投資で25%の利益を出さなければなりません。

さらに損切りが遅れて損失が40％まで膨らむと、60％以上の上昇が必要になります。

　しかし、ここまで下落してしまった株が、**60％も上昇するという奇跡の回復を果たせるかといえば、普通に考えて無理であり、持ち続ける意味はありません。**
　この段階で損切りして減った資金を別の投資に回して頑張ったとしても、元に戻すのは相当、ハードモードです。

　株に限らず、損切りの重要性は投資全般に共通することで、**勝てない投資家の理由のほとんどは、損切りに関係している**はず。
　「売らなければ損は確定しない」とばかりに、含み損を抱えた株をずっと持っていても良いことはありません。本来なら損切りして取り戻した資金で別の投資をして成功できたかもしれない可能性を、放棄することにもなるのです。

　特に成長株投資では、大きな上昇が期待できる反面、下落した場合の下落幅も大きくなりがちです。
　一度の損切りの遅れが致命傷にならないよう、投資する前に損切りシナリオをしっかり描いておき、そのルールを厳格に実行することが何より重要になります。

「なんとなく上がりそう」は
負け確定シナリオ

　個人投資家が勝てないもうひとつの理由は、「業績を見ない」ことです。

「雑誌やネットで専門家が注目銘柄として紹介していた」

「カリスマトレーダーがツイッターで煽っていた」

「期待できそうなリリースが出ていた」

「テレビで紹介されていた」

などなど、銘柄を知る機会はたくさんあります。個人投資家の中には、こうした出会いをきっかけに興味を持った銘柄を、**そのまま無条件で買ってしまう**という暴挙に出る人が多くいます。

　なにしろ市場には4000近い上場企業があるので、普通に「会社四季報」などを見て選ぼうとしてもなかなかハードルが高いです。

　どんな形であれ、新しい銘柄との出会いの機会は重要なので情報収集はどんどんやればいいと思うのですが、これは**あくまで出会いに過ぎないので、投資できる銘柄かどうかは改めて検証しなければなりません。**

　信頼できる専門家が紹介しているという場合でも、その根拠は必ず確認する必要があります。単に盛り上がっている

テーマに合致している銘柄という程度で、実は赤字企業かもしれません。

　株式市場ではとてつもなく業績の悪い企業でも、なんらかのニュースをきっかけに株価が突発的に吹き上がることはあるので、一時的にでも株価が上がれば「的中した」ということになります。

　ですから、赤字企業を注目銘柄として紹介する専門家がいても、なんらおかしくはないのです。

　しかし、**業績が悪い銘柄の上昇は長続きしません。**ましてや赤字企業の上昇なんて、瞬間的にイレギュラーな株価がついただけということが多く、イナゴタワーを形成するリスクも高くなります。

　急上昇した株価が突然下落に転じると、値幅制限いっぱいまで株価が下がる「ストップ安」という状態になり、売りたい人が多すぎて取引が成立しない状況に巻き込まれることもあります。これでは、逃げたくても逃げられません。

　ましてやSNSで見かけた銘柄なんて、どんな銘柄かわかりません。含み損を抱えた投稿主が、煽って買いを集めようとしているだけかもしれないのです。

　そもそも、そんな危険な対象に手を出さなくても、株式市場には業績も株価も順調に伸ばしている健全な優良銘柄がたくさんあります。

　きちんと銘柄を選べば、ストップ安に巻き込まれるようなり

スクは大きく減らせるし、利益を出せる可能性も高められるの
です。

　偉そうに語ってしまいましたが、これらはいずれも僕が初
心者時代に犯しまくった失敗です。前の章でもふれました
が、２ちゃんねるで煽られていた銘柄に飛び乗っては、含み
損を抱えていました。

　毎日、「明日はきっと上がる」とお祈りしながら持ち続け、
最後には精神的に追い詰められて、「もう限界だ、持ってい
られない」といって投げる。こんなことを３年繰り返して
やっと目が覚めたのです。

　業績をきちんと見るようになってからは、損切りをしなけれ
ばならない機会が劇的に減りました。

　もちろん、それでも下がることはありますが、ルール通り
に損切りすることで、メンタル的にもラクになります。そして
何より、パフォーマンスが圧倒的に良くなりました。

　業績の見方や損切りの仕方については後で詳述しますが、
株式投資で勝つには「業績を見る」「損切りを徹底する」が鉄
則であることを覚えておいてください。

下がっている株は完全スルーせよ

初心者に限りませんが、日本の個人投資家は、株価が上がっている銘柄に便乗する「順張り投資」より、**株価が下がってお買い得に見える銘柄を買う「逆張り投資」を好む傾向があるようです**（図3参照）。

連日値上がりしている銘柄に対しては、「高値づかみになるのでは？」「少し前は安かったのに」と思うと買えない反面、値下がりしていると、「前は高かったあの銘柄が、今はこんなに安い！」と感じて、買いたくなってしまうようです。

割安株投資が根強い人気があるのも、こうした志向にフィットしやすいからではないでしょうか。

図3　逆張り＆順張り投資

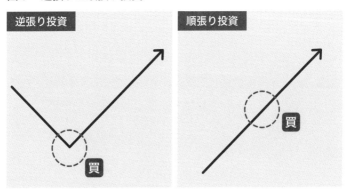

逆張り投資　　　　　　　順張り投資

買

買

かくいう僕自身も、昔は「安いところで買わないと儲からない」と思っていたので、気になっていた銘柄の株価が下がってくると「お買い得だ！」と感じて飛びついたりしていました。

また、少し知識を持っている個人投資家にありがちなのは、**PER（株価収益率）を見て、安易に「お買い得！」だと判断してしまうこと**です。

PERは株価の割安度を判断するための指標で、個別銘柄だけでなく、日経平均株価など市場全体の割安度を示す場合にも使われます。

投資ビギナーが最初に学ぶ指標のひとつといえるぐらい、前の章で紹介したPBRと並ぶオーソドックスな株価指標です。

ちょっと難しい話になりますが、ここからは超重要なので、しっかり読んでください。

企業がビジネスの成績表として定期的に発表する「決算」の中で、最後に残った利益を「純利益」といいますが、この**純利益を発行済み株式数で割った「1株あたりの純利益」をEPS**といいます。

EPSは、企業の利益を1株あたりに計算したものであり、**適正な株価そのもの**です。

理屈上は「EPS＝株価」といえるのですが、実際はEPSの上に「将来の成長性」という投資家の期待が上乗せされて取引されるので、**株価はEPSよりも高くなるのが普通**です。

このEPSに対し、**今の株価がその何倍になっているかを示したのが、PER**です。本来の適正な株価の上に、**目には見えない投資家の期待がどの程度上乗せされているかを示す指標**で、数値が小さいほどそのときの株価は割安と判断されます。

　株価が上がるほどPERは大きくなり、割高と判断されるようになりますが、業績も上がって純利益が増えればPERは維持できることになります。

　PERが低いままに放置されているというのは、**株式市場がその銘柄に期待していない状態で、それが市場の評価**なのです。

　その企業が新しいビジネスに挑戦するとか経営改革に乗り出したとかいうキッカケがあれば話は別ですが、何も変化がないのに時間が経てばこの割安さが修正されるというのは甘い考えだと思います。

　もちろん、中には割安なうちに投資していると、いつかは株価が上昇して割安さが解消されることはあります。

　資金力がある人なら、割安になった局面で買って、しばらく含み損になっても耐えて、割安さが解消されるのを待つということは難しくないでしょう。

　下がるたびに買い続けられる資金力があれば、いつかは大きな利益を上げられるかもしれません。

　しかし、割安さが解消されて大きな利益を得られる時機

は、いつになるかはわかりません。

　1年なら待てるかもしれませんが、5年後かもしれないし、10年後、20年後かもしれないのです。

　限られた資金しか持たない普通の個人投資家が、いつ上がるかわからない株を何年も抱えているのは難しいでしょう。仮に、待てば必ず報われるならそれもアリでしょうが、そんな保証はどこにもないのです。

　何より、逆張り投資はリスクが高い点がデメリットです。高かった株価が下落してお買い得になったように見えても、そこで下落が止まる保証はどこにもありません。

「落ちるナイフをつかむな」という相場格言もあるように、**下落の真っ最中の株をつかめば大ケガをすることになります。**

　目の前にあるのが今だけの特別バーゲン品なのか、決して触れてはいけないナイフなのかは誰にもわかりません。

　それなのに多くの初心者トレーダーは、**値ごろ感から自ら落ちるナイフを取りに行って、負傷してしまう**のです。

海外の機関投資家は順張り投資が基本

　日本の株式市場の売買の半分以上は、**海外の機関投資家といわれるプロによる取引が占めていますが、彼らの投資は順張りが**

基本です。

　バフェット氏の印象が強いので逆張りと考えがちですが、それはむしろ少数派です。

　かつては逆張りで負け続けた僕も、頭を切り替え**順張りに転じたところ、明らかに負けが少なくなりました。**

　かつての自分はなぜ、こんなに難しい投資手法にこだわっていたのかと思うぐらい、順張りの方が簡単で、大きな失敗は少なくなったのです。

　逆張りは成功すれば一度に得られる利益が大きいし、良いと信じた銘柄を何十年でも持ち続けたいという人はバフェット流の投資が向いているでしょう。

　しかし、小さな利益でも回数を重ねれば十分大きな利益になります。

　限られた資金と限られた期間で成果を上げたい人には、順張り投資が合っていると実感しています。

　オーソドックスな指標だけに、覚えたてのPERを確認して「安いかも！」「高すぎる！」などと、割安度を判断するビギナー投資家は多いのですが、**PERで判断していたら成長株には一切投資できないので参考にする必要はありません。**

　何より、ここ数年の相場では、「誰もPERなんて見ていないのでは？」と思える状況が続いています。

　PERが異常に高い割高な銘柄がどんどん買われ、さらに

PERがとんでもない水準まで上がるということが繰り返されているからです。

永遠にこの相場が続くかどうかはわかりませんが、割安かどうかという観点を重視しないのが最近の傾向であることは確かで、**PERは無視しないと勝てない状態**になっています。

もちろん、割安株投資で成功している投資家はたくさんいますし、PERやPBRを重視して割安株に投資する手法が終わったとまでは思いません。

時間とお金に余裕のある人は割安株を何年もじっくり保有して、その割安さが解消されるのを待つのもアリだと思います。大損するリスクもかなり限定されるので、比較的安全な投資だといえます。

でも僕は、**もっと早く成果を出したいし、限られた資金を効率よく増やしたいので、当面割安株投資はしない**という結論に至っています。

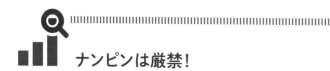

ナンピンは厳禁！

逆張りが好きな人が陥りがちな罠に「ナンピン」があります。**投資した後で下落すると買い増し、その後も下がるたびに**

買い増していく手法です。

　含み損を出してしまった焦りに加え、もっと「お買い得」になったようにも感じて、つい買ってしまうのです。

　図４は日本たばこ産業、いわゆるJT（2914）のチャートです。

　言わずと知れたたばこの会社で、たばこを吸う人は減っているのであまり成長は見込めませんが、根強い需要はあるため、業績は横ばいといったところです。

　株価は業績に比例するので、本来なら横ばいになるはずですが、**一貫した右肩下がりが続いています。**

図４　JT(2914)の週足チャート

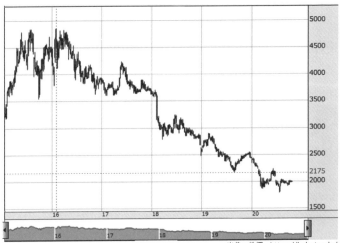

出典：株探　https://kabutan.jp/

おそらく、近年はプロの機関投資家がESG投資（環境や社会、企業統治に対して積極的に取り組む企業に投資すること）を重視するようになったからでしょう。

健康に良くないたばこを扱う同社に投資をしなくなり、資金が逃げていることが原因だと考えられます。

株は市場で売買されている以上、株価は需要と供給のバランスにも左右されるので、**人気がなくなると業績がそこまで悪くなくても、売られて下落してしまうこともある**わけです。

伸びしろの少ない企業の例にもれず、JTも代表的な高配当銘柄です。

７％台という驚異的な利回りで、株主優待も充実しているため、個人投資家からは非常に人気があります。

配当の額が同じなら、配当利回りは株価が下がるほど高くなるので、買いたくなるという人たちが現れます。

しかし、図４のチャートを見れば一目瞭然ですが、どこで買っても株価はさらに下がって含み損になっています。

それでも、"ナンピン思考"から抜けられない人は、安くなるとまた買いたくなってしまうのです。

「少しぐらい含み損が出ても、高配当だからそのうち元が取れる」「優待もあるし」などといいながら、ナンピン地獄にハマっていくわけです。

配当が１万円以上もらえるから、と40万円の株を買って

も、それが20万円に値下がりしてしまっては元も子もありません。

　しかも同社は、最終的に残った利益である純利益の9割を配当として出してしまっており、将来もし業績が悪化した際に現状の配当額を維持できるかはわかりません。

　万一、配当額を減らす「減配」があれば、さらに株価は下落するでしょう。

　事業や業績の魅力よりも配当に惹かれて投資をするとこういうことになりがちなので、**僕は配当狙いの投資にはあまり興味が湧きません。**

大企業の「安定」というイメージは捨てる

「大企業に就職したい」「大企業に勤めている人と結婚したい」「大企業の商品だから安心」などなど、私たちは大企業に対して異常なまでの信頼感を持っています。

　確かに大企業は中小企業に比べれば倒産する可能性は低いでしょうし、勤めている人はエリート揃いで高給取り、そして何より知名度とブランド力がありますから、そう感じるのも無理はありません。

　ただ、投資対象を選ぶときには、**その価値観はいったん捨てる必要があります。**

かつての僕もそうでしたが、「超有名な大企業なのにこんなに株価が下がっている！」というのを発見すると飛びつきたくなってしまうのですが、そこには大きな罠が潜んでいるかもしれないのです。

株価の下落にはなんらかの理由があります。多くの市場参加者はビギナーの個人投資家よりも賢いので、無名の中小企業ならともかく**誰でも知っているような有名企業で成長可能性が高いにもかかわらず、下落が放置されているという状態は普通に考えてあり得ません。**

株価が下がり続けているということは、買いたくない理由や売りたくなる理由があると考える方が、大抵の場合、正しいのです。

就職市場での人気と株式市場での人気はほとんど関係ないので、こうしたブランド力に惑わされないよう頭を切り替える必要があります。

次の図は、キヤノン（7751）の株価チャート（図5）です。同社は時価総額が2兆円を超える超有名なグローバル企業です。

しかし、株価は2018年から3年にわたって下落を続けており、2017年につけた4500円近くの高値と比べると、3分の1の株価が目前に来ているように見えます。

図5　キヤノン（7751）の週足チャート

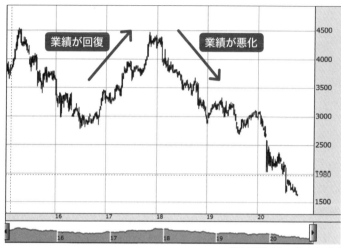

出典：株探　https://kabutan.jp/

図6　キヤノン（7751）の売上高推移

年	売上高（単位・百万円）	EPS
2015年12月期	3,800,271	201
2016年12月期	3,401,487	137
2017年12月期	4,080,015	222
2018年12月期	3,951,937	234
2019年12月期	3,593,299	116
2020年12月期（見込み）	**3,140,000**	**49**

図６の表は、キヤノンの売上高の推移です。2017年にいったん回復し、株価もそれに反応して上昇していますが、その後、売上高は右肩下がりです。

　同社の主力製品はオフィス複合機とカメラですが、ペーパーレス化が進んでプリンターの成長は見込みにくいうえ、スマホのカメラがここまで高性能化すると、カメラ専用機の需要も伸びは見込みにくいでしょう。

　2020年は新型コロナウイルス感染拡大の影響が当然あるでしょうが、それがなくても右肩下がりのトレンドは変わらないように見えます。

　業績の見方についての詳細は後述しますが、**基本的には株価が上昇するには業績、要するにEPSの成長が必要**です。

　EPSが変わらないのに株価だけが下がっているならお買い得ですが、現実にはEPSが半分まで下がっている、あるいは下がりそうだから株価も半値まで下がっているわけです。

　EPSが横ばいなら株価も基本的には横ばいで、**EPSが下がっていれば株価が下がるのが当たり前**なのです。

　単にイメージだけで判断してしまうと、「有名グローバル企業の株がこんなに安くなっている！　買いだ！」となるわけですが、買いボタンをクリックする前に**ちょっと売上高を見るだけで、大切なお金を託す投資対象としてふさわしくない**ことがわかります。

　しかもこの程度の情報を得るためには難しい企業分析など

一切必要なく、誰でも無料で見られる「株探」という情報サイトや、ネット証券で見られる四季報欄などをクリックすれば秒で確認できるのです。

　株式投資で成功するためには、まずは当たり前のことを愚直に実行することが重要です。

ほったらかしOK！ インデックス投資の魅力

　もし僕が、株式投資に特段の興味がなくて、それでも預貯金にしておくよりは有利な運用をしたいと考えるのであれば、たぶん**インデックス投資**をしていると思います。

　分散投資をしておけば基本はほったらかしでOKですし、時間や手間をかけずにリスクを抑えた投資をしたい人にはピッタリだからです。

　日本株に投資する場合、個別銘柄のほかにも、日経平均株価や東証株価指数に連動する投資信託やETFにも投資すれば、よりリスクを分散できます。

　さらに、米国株や他の先進国、新興国の株式や債券や不動産、商品などにも投資すればリスクを抑える効果はより高まります。

　日本だけでなく米国のNYダウやS&P500指数、欧州や新

興国の株式市場の動きを示す指数に連動する金融商品はたくさん販売されています。

こうした指数は英語で"インデックス"といい、さまざまなインデックスに連動する投資信託やETFに投資することを**インデックス投資**といいます。

近年は老後資金の形成手段として、インデックス投資をする人が増えており、注目されている投資手法といえます。

ちなみに、**投資信託とはたくさんの投資家のお金を預かって、プロがまとめて運用してくれる商品**です。

シンプルにインデックスに連動するだけの商品もあれば、優良銘柄だけを選んで投資したり、サイバーセキュリティとかESG（環境、社会、ガバナンスを表し、こうした社会的な責任を重視する企業に絞って投資すること）といった特定のテーマにかかわる銘柄に投資したりするような商品もあります。

インデックスに機械的に連動するものはインデックス投信、ファンドマネージャーが銘柄を選別するものはアクティブ投信といわれます。

いずれも価格は毎日変動し、1日1回その日の値段が決まります。

一方、ETFはたくさんの投資家のお金をプロがまとめて運用してくれる点は投資信託と同じですが、**証券取引所に上場**

しているので個別株と同じように刻々と価格が変動しており、リアルタイムで取引ができます。

　また、ETFは指数に連動するので、基本的にはアクティブ投信のような人が銘柄を選別するという概念はありません。

　投資信託もETFも、保有している間は信託報酬と呼ばれる運用コストが差し引かれますが、このコストはETFが最も安く、アクティブ投信は人による選別がある分コストが高くなります。

　ETFは東京証券取引所だけでなく、米国など海外の証券取引所にもたくさん上場しています。

　米国上場のETFは規模が大きくて信託報酬も安い傾向があるので、内容が同じなら米国上場のETFの方が有利だと考えています。

　ただ、ETFは株と同じで買える単位が決まっていて、価格が変動しています。

　投資信託のように、1000円分とか1万円分などと金額を決めて買うことができない点がデメリットです。

個別銘柄への投資は3銘柄まで!

　前述したように、さまざまな対象をまとめ買いする「分散

投資」についてお話ししました。

　相場格言に「卵はひとつのカゴに盛るな」というものがあります。卵をひとつのカゴにまとめてしまうと、そのカゴを落としたときに全部割れてしまうのに対し、**複数のカゴに分散しておけば他のカゴの卵は守られる**という意味です。

　投資対象も同様に、ひとつの対象に集中するのではなく、複数の対象に分散するのがリスク抑制の王道だとされています。

　ETFや投資信託、米国株や債券など、さまざまな投資を試してみるのも良いのですが、日本の個別株へ投資する際、僕は手広く買うのは危険だと思っています。

　興味のある日本の株を、一般的な証券会社での最低取引単位である100単元ずつ、10銘柄とか20銘柄というように持ったり、お金のある人の中には100銘柄ぐらい持つといった分散投資をしている人もいます。

　それが楽しいならいいのですが、投資成果の面で見ると疑問を感じます。

　せっかく上昇しても単元数が少ないと利益も限られますし、ここまで日本株だけで分散してしまうと、結局**市場全体が下落しているときには一斉に下落してしまうので、リスクの抑制効果も期待できない**からです。

　僕は株式投資が面白いと感じているし、市場平均よりも儲

けたいので、**1～3銘柄程度に集中投資しています。**

　業績が良くて、値動きが良い銘柄に集中すれば、業績の悪い銘柄にも投資せざるを得ないインデックス投資よりよっぽど利益を出せると思っているからです。

　特に、市場全体が下落しているときは、インデックス投資では損失が避けられませんが、**個別株には逆行高となる銘柄は必ずあります。**

　下落局面でも利益のチャンスがあるところも魅力だと思います。

ハイリターンなら集中投資一択

　僕のYouTubeを観てくれる人の中には、分散投資と集中投資を両立している人も多くいます。

　インデックス投資には投資の知識はあまり必要なく、すぐに始められますし、その一方で一定額で集中投資にチャレンジしているのは素晴らしいことだと思います。

　こうした人の中には子育てをしている人も多いようです。インデックス投資でコツコツと教育費などを準備しつつ、集中投資で大きな利益も狙っている、というわけです。

　投資スタイルには正解はないので、自分がどんな投資をしたいか、どこまでリスクを取れるかを考えてほしいと思いま

す。

　投資に時間を割いたり手間をかけたくないならインデックス投資が適していますし、毎月の収入から一定額を投資信託に積み立てていけば、まとまった資産がなくてもできて、投資タイミングも分散できます。

　一方、**多少リスクが高くなってもパフォーマンスを優先したい、大きな利益を狙いたいという人なら集中投資**になります。

　もちろん、コツコツとインデックス投資で積み立てをしながら、一定の資金で集中投資するという両立派も、リスク抑制とパフォーマンスのバランスにすぐれた良い選択だと思います。

　インデックス投資といっても投資する対象や分散の割合にはさまざまな考え方があります。

　教科書的には世界中の株式市場と債券に分けて投資する方法が知られていますが、僕は、**安定した成長を続けている米国の株式市場にしぼって、その中で分散させるのが良い**と考えています。

　なにしろ、米国以外の株式市場は長い間成績がパッとしません。

　また、債券に投資するにもある程度コストがかかるのですが、世界的な低金利下ではこうしたコストを払って債券を買

う意味もあまりないでしょう。

　具体的には、米国に上場する優良な500銘柄で構成する
S&P500指数か、米国株の時価総額ランキングトップ5を誇
るGAFAM（グーグル（アルファベット）、アップル、フェ
イスブック、アマゾン、マイクロソフト）にまとめて投資で
きる「NASDAQ100」が個人的にはおすすめです。

　S&P500であれば連動する投資信託でコストも安いもの
がたくさん出ていますし、東京証券取引所にも連動するETF
が上場しています。

　一方、NASDAQ100はその半分がGAFAMで占められて

図7　株の買い時が勧めるインデックス投資例

	S&P500	NASDAQ100
投資信託	eMAXIS Slim 米国株式 (S&P500)、SBI・バンガード・ S&P500インデックス・ファン ドなど	iFreeNEXT NASDAQ100 インデックス
東証ETF	上場インデックスファンド米国 株式(S&P500)(1547)、iシェ アーズ S&P 500 米国株 ETF (1655)	NEXT FUNDS NASDAQ100® 連動型上場 投信(1545)
米国ETF	バンガード・S&P500 ETF (VOO)	インベスコQQQトラスト・ シリーズ1(QQQ)

せっかく米国市場に投資するならドル建てでコストが安い米国ETFに投資したい。日本株
と同じように売買したいなら、東京証券取引所上場のETFの活用を。毎月一定額を積み立
てていくなら投資信託が向いている。

いるので分散効果は弱めですが、ほかにもインテルやエヌビディアといった有望なハイテク銘柄100社にまとめて投資できます。

この指数に連動する投資信託のほか、米国にインベスコQQQトラスト・シリーズ（ティッカー：QQQ）が上場しており、こちらは日本人投資家にも人気の高いETFです。

第4章

株の買い時流、損しない投資の鉄則

成功する投資家は、一途である

投資の本を100冊読んだところで、実際にやってみないとわからないことは多いものです。

僕は、**とりあえず少額で始めてみて、走りながら勉強するというスタイルが最も効率がいい**と思っています。本を読むにしても、実際に投資をしている方が頭に入りやすいし、腹落ちもしやすいからです。

ただし、**いきなり大金で始めるのは危険なので、スモールスタートが鉄則**です。

株に投じられる資金が少ないうちは、軍資金を増やすことを優先しましょう。「配当が欲しい」とか「分散してリスクを抑えたい」というのは、ある程度の投資資金が貯まってから考えることです。

気になる銘柄はたくさんあるでしょうが、ある程度資金が大きくなるまでは、前の章でも触れた通り、惚れ込んだ銘柄に1点集中、多くても3銘柄までにするのが良いと思います。

少ない資金を分散させてしまうと、たとえ勝っても利益は小さくなります。たかだか数十万円とか100万円程度の資金を分散投資して大儲けした人を、僕は知りません。

株で成功した投資家の多くは、コレと決めた銘柄に集中投資して、大きな利益を上げています。当然、リスクは高くなりますが、だからこそ少額で始めるのです。

　ある程度資金が大きくなったら、リスクを取り続けるお金と守るお金に分けて、後者で分散投資するなどしてリスクを抑えればいいのです。

　集中投資の方が良い理由はまだあります。

　僕が投資対象としている成長株は、企業側が出すリリースや業界のニュースなどが出ると、突然大きく動くことが多くあります。特に影響が大きいのが、年に４回発表される四半期決算です。

　決算とは、企業が一定期間の経営成績を数字としてまとめて発表するものです。上場企業には３ヵ月（四半期）に１度の決算発表が義務付けられており、そこに示される売上高や利益の数値に株価は敏感に反応します。

　思いがけない良い数字が出れば人気株化して株価も急騰しますが、逆に期待を大幅に下回る悪い数字だったりすると、それこそ**ストップ安となって売りたくても売れない状況に陥る**こともあります。

　「決算プレイ」と言って、決算発表前後の値動きで利益を上げようとするトレーダーもいるほど、その値動きは大きくなります。

決算発表は時期が決まっているし、近くなれば具体的な日時も公表されます。決算発表前には、足元の値動きや相場環境などを見ながら、保有する銘柄を念のため手放しておくか、保有したまま決算発表を迎えるか、判断しなければなりません。

1年以上といった長期で保有しようとしている場合でも、決算は必ずチェックして、保有を続けて良いかどうかを確認する必要があります。

しかし、保有している銘柄の数が多いと、こうした日々のメンテナンスが難しくなります。知らないうちに悪い決算やニュースが出ていて、気が付いたころには損失が拡大している……ということもあり得ます。

仕事をせずに投資だけやっている専業投資家なら日々のメンテナンスが大変でもいいでしょうが、働いている人にはハードルが高いでしょう。

決算だけでなく、突発的に出てくるニュースもあるので、思わぬ損失を防ぐためにも保有銘柄は1～3銘柄までに絞り込んで、日々ウォッチする方が安全なのです。

ちなみに僕は短期投資派で、数日から長くても1～2週間程度で利益確定してしまうのですが、**同じ銘柄を何度も取引しています。**

同じ銘柄をずっと追いかけていると値動きのクセがわかっ

てくるので、押し目（上昇中の株が一時的に下がること）の
ポイントや上昇が止まりそうなポイントが予測できるように
なり、勝率がさらに上がるのです。

　良い銘柄であればずっと持ち続ける方がラクだし、狙える
利益も大きいのですが、時々やって来る「●●ショック」と
いった市場の暴落に巻き込まれるのがイヤなので、長期で持
たないスタイルに落ち着いています。

　すぐに手放してしまうなら、業績の良い銘柄でなくてもい
いんじゃないかという疑問もあるでしょうが、成長力のある
銘柄だからこそ短期間でも大きな利益が狙えます。

　株なんて所詮上がるか下がるかどちらかしかないわけです
が、**上がる確率が圧倒的に高いのはやっぱり好業績の成長株な
ので、短期でも失敗しにくい**のです。

上昇している銘柄の方が上がりやすい

　前の章で、下落している株を買うな、という話をしました。
ただ、多くの人は「上がっている銘柄はいつ下がり始めるか
わからないので怖い」と感じるものです。

　こうした不安は、株価と投資家の行動の関係を理解してい
ると、あまり気にならなくなります。

図8　本当の買い時はいつ？

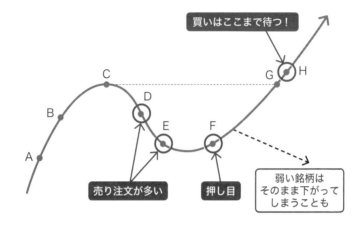

買いはここまで待つ！

売り注文が多い

押し目

弱い銘柄は
そのまま下がって
しまうことも

　上の株価チャートを見てみましょう。あなたがAの時点でこの銘柄に興味を持ち、買い時を見計らっているとします。

　その時点の株価は上昇しているので、見るたびに株価が上がっていて、なかなか手が出しにくいなあと感じるかもしれません。

　そこへ、株価が下落に転じてDやEのところまで落ちてくると、「おっ！　安くなってきたぞ」と感じて、買いへの意欲が湧いてくるとします。

　ここで重要なのは、**市場にはすでにA、B、Cの地点でこの株を買ってしまった人がいる、**ということです。

　Aで買った人は、「せっかく上昇して利益が出ていたのに、下がってきちゃったなあ。これ以上下がる前に売って利益を確定しておこう」と考えてDで売ろうとします。

一方、Bで買った人は、「一瞬利益が出たのに下がってしまった。早めに売却していったん仕切り直そう」とDで売ってしまうか、あるいはEまで引っ張って損切りする可能性もあります。

　さらにCで買った人は、買った直後に下落に転じていますから、かなり焦っています。DやEで損切りの売り注文を出す人も多いでしょう。

　もちろん、DやEで買う人も相当数います。Dで買った人も、買った直後から下落して含み損が出ている状態です。

　Eの時点で我慢できずに損切りするか、あるいはFの時点で少し含み損が減ってくるのでホッとして、「やれやれ売り」をします。

　Eで買ってしまった人も、買ってすぐ含み損が出てしまったので、この含み損がなくなったFで「やれやれ売り」をする人も出てくるでしょう。

　こうした投資家の心理を考えると、DやEは、売り注文が多く出やすい水準であることが想像できます。売りたい人が多いということは、株価の下押し圧力になりますから下落しやすく、**安全な買い場ではない**ということになります。

　上がっていた株価が下がってくると買い場に感じるかもしれませんが、実際はリスクが高いポイントなのです。

　この例のように、**上昇していた銘柄でも、一時的に下落に転じるタイミングは、必ずあります。**

魅力に乏しい銘柄であれば、そのまま下がっていくことも多いのですが、業績が良く成長力の高い銘柄であれば、これらの売り注文をこなして再度上がってくるものです。

　たとえ下落に転じても、反転上昇できる銘柄を絞り込むために必要なのが、業績を見て業績の良い銘柄に絞り込むことなのです。

　良い銘柄の株価は、G、Hへと向かって反転上昇します。直近の高値であるCと同じ水準であるGを明らかに突破してきたHの地点になると、その株を持っている投資家の中で損をしている人が誰もいなくなります。

　長く株を持っている人も、新しく参加してくる人も全員含み益を持っている非常にハッピーな状態なので、焦って売ろうとする人はあまりいなくなります。

　すると、上がっている銘柄が大好きな順張り投資家による買い注文も大量に入ってきます。

　特に日本の株式市場の売買の過半を占める外国人投資家は、**基本は上がっている銘柄に乗る順張り投資家で、その資金力や影響力は絶大**です。

　売りたい人よりも買いたい人の方が圧倒的に多い状況になるので、どんどん上がっていくのです。

　株価は下がっているものより上がっているものを買う方が儲かりやすいというのは、こういうカラクリです。

Ｆの地点は「押し目」といわれ、上昇している銘柄がちょっと下がったところで買うことを「押し目買い」といいます。

　本来はＨで買うよりもＦで買う方が利益は大きくなりますが、いったん下落に転じると、そこから反転上昇するにはかなりのエネルギーが必要になるので、太い方の破線のように下がってしまうこともあり得ます。

　つまり、**勝率を上げるためには、Ｈまで待つことになります。業績の良い銘柄ほど、Ｈに向かう可能性が高くなるわけ**です。

上昇トレンドを見つける一番簡単な方法

　こうした勝率の高い投資をするには、**「上昇トレンドに乗る」ことが鉄則**です。

　株価の動きは、上昇トレンドのほかに、下落トレンドとレンジ（横ばい）があります。

　世の中にはどんな局面でも儲けられるよう、さまざまな投資戦略がありますが、僕の成長株投資では、上昇トレンド一択です！

　次のページの図でもわかる通り、どんなトレンドも一本調子で上がったり下がったりするわけではなく、上下に小さく変動しながらトレンドを形成しています。

　上昇トレンドは、時々下落はするものの、前回つけた高値を

図9　上昇・下落トレンドとレンジの関係

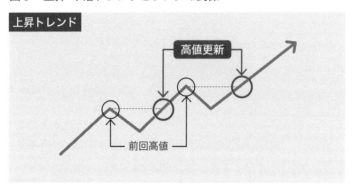

上昇トレンド

高値更新

前回高値

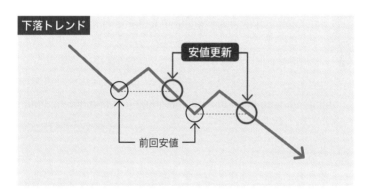

下落トレンド

安値更新

前回安値

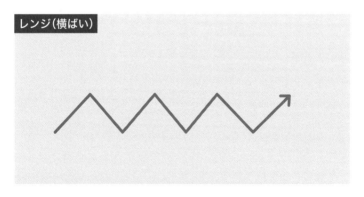

レンジ（横ばい）

次々と突破して更新していく相場です。

　一方、下落トレンドも上昇する局面はあるものの、前回つけた安値を割って、新しい安値を更新していく相場です。

　短期では上下どちらのトレンドでも利益のチャンスがあることになりますし、実際僕も、下落トレンドで下がりすぎたと判断した場面で買いを入れるといった投資をしたこともあります。

　ただ、**大きなトレンドに逆らう投資の成功率はあまり高くありません。**やはり、大きなトレンドの方向には逆らわず、波に乗るのが簡単に勝率を上げられる方法だと思います。

　けれど、株価チャートは表示する期間や足を変えると見え方が全然違ってくるので、パッと見た印象だけでトレンドを判断するのは危険です。

　そこで活用してほしいのが、移動平均線です。移動平均線は、ある一定の期間の株価の平均値を折れ線グラフで表したものです。

　１日ごとの値動きを表す日足チャートであれば、その日を含めた平均値を毎日つないでいくため、平均値が移動しているように見え、相場の方向性を示してくれます。移動平均線は、上を向いているか下を向いているか、あるいは横ばいになっているかを見るだけなので超簡単。しかも信頼度の高い

テクニカル指標です。

25日と200日移動平均線でわかるトレンド

チャートは日足、週足、月足など、表示する足によって
まったく違う見え方をします。

チャート上で株価は「ローソク足」で表示されますが、こ
のローソク足1個が1日の値動きを示すのが日足チャート、
1週間の値動きを示すものが週足チャートです。

**期間の長い足のチャートほど長期のトレンドを示し、短い足
のチャートほど短期のトレンドを示します。**

日足より短いものでは、4時間足や1時間足、15分足や
1分足というチャートもあります。

僕は25日と200日の移動平均線をよく使います。 基本は株
探ですが、200日の方は、トレーディングビューというツー
ルで見ています。

なぜ25日をチェックするかというと、1ヵ月のうち株式
市場が開いていて株価がつく営業日はだいたい20～25日
なので、25日移動平均線はおおむね1ヵ月の平均値を表し
ていると考えられるからです。

**25日移動平均線が上向きなら、1ヵ月単位で見て株価は上
昇トレンドにあり、株価が移動平均線より上にあれば、過去**

図10　メルカリ（4385）の日足チャート

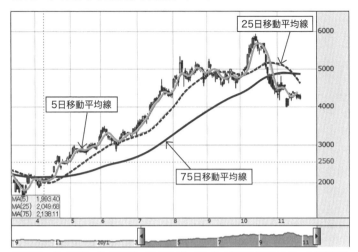

株探では、緑（5日）、赤（25日）、青（75日）のラインが移動平均線となる。5日移動平均線は、短期のため株価を示すローソク足とほぼ重なっていて見えにくい。

出典：株探　https://kabutan.jp/

1ヵ月に買った人はみんなトクをしていてハッピーということになります。

　一方、**200日移動平均線は、過去1年間のトレンドを表します。**なぜなら、1年間の営業日がだいたい200日前後だからです。

　株価がこれより上にあれば過去1年に投資した人は全員利益が出ていると考えられますから、売りの圧力は小さく、上昇しやすいと考えられます。

　1年間の株価の積み重ねを表しているラインなので信頼度は相当高く、**僕はこの200日移動平均線は最強のテクニカル**

指標だと思っています。

　基本的に、**僕はこの２本の移動平均線が上向きである銘柄しか買わない**です。これだけでも、勝率は１％ぐらいアップできると思っています。

　期間の長い移動平均線（長期）よりも、期間の短い移動平均線（短期）の方がトレンドの変化を早く反映できるので、短期線が長期線をクロスして突破してくることがあります。

　これは「ゴールデンクロス」というトレンド転換の示すサインとして使われ、**トレンド転換の初動を狙う投資家には人気があるオーソドックスなシグナル**です。

　僕は、もともと上昇トレンドが続いている銘柄にしか投資しないので、こうしたシグナルは重視しませんが、理屈は覚えておくと良いと思います。

　ほかにも、１週間の値動きを示す５日移動平均線や、75日移動平均線もよく使われます。チャートのツールやサイトでは、移動平均線の期間を自由に設定できるものも多くありますが、当初はデフォルト値が設定されています。

覚える株価指標はEPSのみでいい

株式投資を勉強しようという人にとって、PERやPBRなど、投資判断に使われる難しい株価指標に数多く出会うことで、訳がわからなくなってしまったり、難しいと挫折してしまったりすることも多いようです。

こうした指標は、おいおい覚えていけば役立つことは間違いありませんが、僕の基本の成長株投資では見る必要はありません。

ただ、**ひとつだけ絶対に覚えほしい超重要な株価指標があります。それが、前の章でも紹介した「EPS」です。**

EPSは1株あたり利益のことです。企業がその活動で最終的に手元に残った利益が、1株あたりどのぐらいになるかを示した数字です。

EPSは適正株価そのものであり、**僕の投資では、このEPSがどんどん増えているかどうか、という点を最重要視**します。

> EPS（1株あたり純利益）=
> 当期純利益（最終的に残る利益）÷ 発行済み株式数

基本的に営利企業は利益を上げてナンボの世界です。株価

だけを追いかけて高いとか安いとか騒いでもあまり意味はなくて、その株が1株あたりでどの程度の利益を得られているのかという点が、株の価値を測るうえで最も重要な指標になります。

　同じ1億円の最終利益が出ていても、時価総額の大きい大企業と中小企業ではその価値はまったく異なるので、**1株あたりの利益を見ることでそのインパクトを測りやすくなります。**

　また、株は市場で売買される総数が少なければ少ないほど価値は上がります。

　野菜が豊作だと供給がダブついて安売りされますが、天候不順で不作が続くと普段の倍の価格がつくことがあるのと同じイメージです。

　企業の株主還元策のひとつに、「自社株買い」といって市場から自社株を買い上げることがありますが、市場に流通する株を減らすことで株価上昇が期待できます。

　1株あたりの利益がわかるEPSなら、こうした需給面での株の価値も反映させることができるのです。

　結局何が言いたいかというと、**EPSが大きくなれば株価は上がるし、EPSが小さくなれば株価は下がる、ということに行き着く**わけです。

　図11は、2020年のコロナ禍でのITコンサルティングが好調で、株価を大きく伸ばしたベイカレント・コンサルティ

図11　ベイカレント・コンサルティング（6532）の日足チャート

出典：株探　https://kabutan.jp/

ング（6532）の株価チャートです。

　新型コロナウイルス感染拡大の懸念で世界的に株価が大暴落した "コロナショック" 時には4000円前後まで下げていた株価が、その後ぐんぐん上昇して4倍以上となる1万8000円台に達したという、**2020年を代表する成長株のひとつ**です。

　そして図12が、EPSの推移です。株探のサイトでは「修正1株益」と表示されています。

　最近は1株を2株とか3株に分けることで少ない投資資金でも買いやすくする「株式分割」や、その逆の「株式併合」がよく行われるため、株数が大きく変わることがよくあります。

　そのため、EPSを単純に過去の数字と比較するのが難しくなっていることから、**株式分割や併合を考慮した実質的な**

図12 ベイカレント・コンサルティング（6532）のEPS推移
（3ヵ月ごと）

3ヵ月決算【実績】 業績推移 New!成長性	2Q	3Q	4Q	1Q	2Q
決算期	売上高	営業益	経常益	最終益	修正1株益	売上営業損益率	発表日
△15年9-11月期～18年6-8月期を表示							
18.09-11	6,268	1,297	1,281	896	58.5	20.7	19/01/11
18.12-02	6,690	1,695	1,679	1,210	79.0	25.3	19/04/12
19.03-05	7,820	1,641	1,625	1,102	72.8	21.0	19/07/12
19.06-08	7,088	1,		811	53.5	17.1	19/10/11
19.09-11	8,480	2,		,464	96.5	25.6	20/01/14
19.12-02	9,590	3,		,535	166.8	31.4	20/04/14
20.03-05	10,020	2,987	2,973	2,001	131.2	29.8	20/07/15
20.06-08	9,734	2,417	2,402	1,617	105.9	24.8	20/10/15
前年同期比	+37.3	+99.4	2.0倍	+99.4	+97.9		(%)

同じ四半期で比較するのが重要

出典：株探 https://kabutan.jp/

EPSを表記しているため、「修正1株益」となっているのです。

　企業は3ヵ月ごとに決算を出します。企業によりますが、最終的な利益の額には季節要因が大きく影響することも多いので、売上やEPSの伸びをチェックする際には前の3ヵ月ではなく、**前の年の同じ四半期（前年同期比）で比較**します。ベイカレント・コンサルティングはどの四半期を見ても、順調にEPSを伸ばしているのがわかります。

EPSが下がれば株価も下がる

　逆に、EPSが下がっている企業は、株価も下落します。右の図13は、日本製鉄（5401）の株価チャートです。小刻み

な変動はあるものの、株価は2018年初を天井に、下落が続いています。

　ただ、業績が右肩下がりかというと、2019年3月期の売上高の欄は、株探で過去最高を示すピンク色で塗られています（図14）。

　その翌年の2020年3月期は、売上はやや落ちているものの、そこまで極端な下げではなく、2年で株価が半値になるほどの落ち込みではない気がします。なぜ、株価がこんなに下落しているのでしょうか。

　EPSの推移を見ると、その理由は一目瞭然です。2019年

図13　日本製鉄（5401）の週足チャート

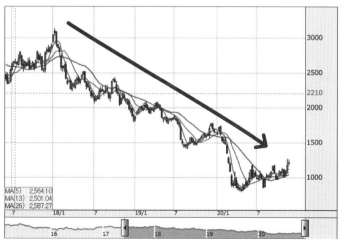

右肩下がりに下落する見事な「下落トレンド」を描いている

出典：株探　https://kabutan.jp/

から2020年にかけて、売上高の減少はわずかですが、**EPS が281円から突然マイナス468円と、急激に落ち込んでいる**のです。

　これは、2019年に海外の鉄鋼需要の落ちこみと原料高のWパンチに見舞われたところに、呉の製鉄所の閉鎖を決定し、それに伴う大きな損失を計上したことで赤字になってしまったことが原因と考えられます。

　売上はある程度維持できていてもEPSが下がっては、やはり株価も下がるわけです。

　ちなみに翌年である2021年3月期（2020年4月〜21年

図14　日本製鉄（5401）のEPS推移（1年ごと）

通期	業績推移	修正履歴	New! 成長性	New! 収益性			1Q	2Q	3Q	4Q
	決算期	売上高	営業益	経常益	最終益	修正1株益	1株配	発表日		
			△1997年3月期〜2016年3月期を表示							
連	2017.03	4,632,890	114,202	174,531	130,946	148.0	45	17/04/28		
連	2018.03	5,668,663	182,382	297,541	195,061	221.0	70	18/04/26		
I	2019.03	6,177,947	265,111	248,769	251,169	281.8	80	19/05/09		
I	2020.03	5,921,525	−406,119	−423,572	−431,513	−468.7	10	20/05/08		
I	予 2021.03	4,800,000	−	−	−170,000	−184.6	−	20/11/06		
	前期比	−18.9	−	−	赤縮	赤縮		(%)		
			▽1997年3月期〜2016年3月期を表示							

　　　　は過去最高　※最新予想と前期実績との比較。予想欄「−」は会社側が未発表。

出典：株探　https://kabutan.jp/

EPSが突然マイナスになっている

実績ではなく、企業が出す業績予想値

売上が減ってはいるが深刻な減少ではない

過去最高の売上を計上している
※株探ではピンク色で表示

３月までの期間）は、売上が大幅に減少する見込みが示されているにもかかわらず、EPSのマイナス幅が縮小し、改善傾向が見られます。

　コロナ禍で売上が大幅に減るというのに、2020年に入ってから株価が下げ止まって持ち直す動きが見られるのは、EPSが改善することが見込まれるからなのです。

　こうしたことからもわかるように、**EPSは企業価値そのもの、ひいては株価そのもの**なのです。

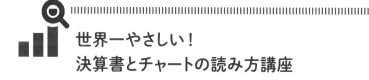

世界一やさしい！ 決算書とチャートの読み方講座

　僕の成長株投資の基本は、売上や利益がどんどん増えている業績の良い銘柄の中から、株価が右肩上がりで上昇している銘柄を絞り込み、高くなりすぎていないタイミングを見計らって投資するという方法です。

　つまり、**チェックすべき条件は、業績と株価チャート**になります。

　企業業績は決算書に書かれており、株価の推移は株価チャートを見ればわかります。ただ、いずれも初心者にはとっつきにくくて難しい存在かもしれません。

　株式投資では知識はいくらあっても邪魔にはなりません

が、「決算書を読めるようになってから」とか「チャート分析ができるようになってから」と思っていると、一生始められません。

　繰り返しになりますが、実際に経験しないとわからないことや、自分のお金を動かしてみないと気づけないこともたくさんあるので、まずはごく少額でもトライしてみることをお勧めします。

　この本で僕が紹介する基本の投資法は、難しい勉強をしなくてもごく基本的な点だけを押さえておけば誰でもできる簡単な方法です。株探のサイトで売上とEPSの推移をチェックして、チャートで移動平均線などごく簡単な指標を確認するだけで投資が可能です。

　具体的には次の章以降で解説していきます。

5ステップで簡単！
賢い株の選び方・買い方

銘柄選びから実際の投資までのプロセス

　ここからは、いよいよ実践編です。この章では、僕の基本的な投資手法の「買い方」を説明していきます。

　もっと勝率を上げる挑戦をしたい人向けの情報は後述しますが、この章で解説する基本の投資プロセスには難しいものはなく、とてもシンプルです。

　業績やチャートのチェックは難しそうに感じるかもしれませんが、ここで見るべきものはどれもごく簡単なので、ぜひトライしてみてください。

　基本の投資は、以下の5つのステップで構成されます。

STEP1　情報源は幅広く！　銘柄発掘

STEP2　企業分析で絞り込む！

STEP3　上昇トレンドをチャートでチェック

STEP4　短期的に上がりすぎていないか

STEP5　いざ、投資！

　それでは、ステップごとに解説していきましょう！

STEP 1　情報源は幅広く！　銘柄発掘

株式投資は、銘柄探しから始まります。

まじめな投資家は分厚い「会社四季報」を最初から丹念に読み込んでいたりするようですが、**東京証券取引所に上場している株式会社は約3700社**もあるので、まともに探していたら時間がいくらあっても足りません。

その後のプロセスでしっかり絞り込むので、最初の銘柄との出会いは大胆にショートカットしてしまってかまいません。

幸い、成長株は話題になることが多いので、SNSや経済ニュース、株情報サイト、雑誌、新聞など、使いやすい情報源をチェックし、気になる銘柄をピックアップしましょう。

僕が主に活用している情報源は、以下の通りです。

▶▶Yahoo!ファイナンスの「年初来高」

おなじみの検索サイト「Yahoo!」には、「Yahoo!ファイナンス」という投資情報のページがあります。

トップページから、「株式」タブ→「高安一覧」→「年初来高」の「もっと見る」をクリックすると、その日に年初来高値を更新してきた銘柄の一覧を見ることができます。年初来高値とは、その年でつけた株価で一番高い価格のことです。

ただ、1〜3月の間は、年初からといっても期間がなくてあまり意味がないので、**前年の1月から見て最高値を取ってきた場合に年初来高値といいます。**

　前述した通り、高い株価をつけてきた銘柄は株価上昇に勢いがついており、売りたい人も少ない有望な銘柄と判断することができます。

　動意づいている成長株なら年初来高値ぐらいは軽く更新し、そこから過去の最高値となる上場来高値を取ってくるものなので、僕はこの中から気になる銘柄を探すことも多くあります。

　ちなみにここにたくさんの銘柄がずらりと並ぶときは、相場全体の調子がいいときなので投資も成功しやすく、逆にここに並ぶ銘柄が少ないときは市場全体が低迷しているときです。

　このように、市場全体の雰囲気を確認する際にも使えます。

▶▶株探の「銘柄探検」

　これまでも何度か登場している「株探」は、僕が最も頻繁に活用している株式投資情報サイトです。銘柄探しには、このサイトの「銘柄探検」というコンテンツが役立ちます。

　ここでは業績面（ファンダメンタルズ）とチャート面（テクニカル）から注目銘柄を紹介しています。

僕が特によくチェックするのは、**「ファンダメンタルズで探す」→「今期【最高益更新】銘柄」** です。

会社側がその期に経常利益（156ページで詳述）が連続で過去最高益を更新する見通しを示している銘柄がリストアップされています。

連続最高益というのは、会社が事業を始めてから最も高い利益を出して、それを連続で更新し続けているということ。つまり、業績が絶好調の企業なのです。銘柄数は割と多いのですが、時価総額で中小型株だけを絞り込むこともできます。

このリストは、毎日頻繁に入れかわるものではありませんが、**企業が業績や業績予想を発表する3ヵ月に1度ぐらいはチェックするといい** でしょう。

▶▶株探の「決算速報」

株探のトップページから、「決算速報」のタブをクリックすると、その日に発表された決算のヘッドラインが見られます。

決算発表の集中期（2月、5月、8月、11月の上旬とその前後）は非常に数が多くて監視するのは大変ですが、ざっと目を通して **「最高益」とか「上方修正」といったキーワードがあればクリックして中身をチェックします。**

見出しには「今期経常は29％増益」などと、利益の上昇

率が入っているので、ここで２ケタのもの、**できれば25%以上のもの**を中心に気になったものをチェックしています。

「上方修正」というのは、会社がもともと出していた１年間の業績計画をより良い数字に修正して発表し直すことで、**これは非常に良いニュース**です。

クリック先の記事では、決算の要点に加え、前年同期との比較や四半期ごとの推移なども簡潔にまとめられているのでとても便利です。

▶▶ツイッター

個人投資家がどんな銘柄に興味を持っているか、生の声を見られるツイッターも大切な情報源です。僕は成長株投資をしていそうな投資家のほか、相場情報を発信している市場関係者を中心にフォローしています。

僕がどんな投資家を見ているか興味のある人は、僕のツイッターアカウント（@kabunokaidoki）から覗いてみてください。

どれもアナログというか、結局は手や目を動かして探す方法ばかりで、ガッカリした人もいるかもしれません。スクリーニングツールで一発で出てくるようなものがあると良いのですが、今のところ、僕が重視する四半期業績で良い銘柄を抽出してくれるツールは見当たらないようです。

株価が高い銘柄も
チャレンジする価値はあり！

「面白そうな銘柄を見つけた！」と思ったのに、よく見たら株価が高くてとても買えない、という声をよく耳にします。

　日本の株式は、**原則として100株単位で買うという決まり**があります。このため、株価が5000円だと投資するには最低50万円は必要になりますし、株価が1万円を超えていると100万円以上の資金が必要になります。

　割安株であれば、その名の通り割安なのでそんなに多くの資金が必要になることは少ないのですが、株価がグングン上昇している成長株の場合はどうしても株価が高くなりがちです。

　少し前は20万円台で買えた銘柄が、気が付いたら100万円を超えていたなんてこともザラにあるわけです。

　成長株投資は、高値になっている銘柄を高く買って、もっと高くなったところで売る投資です。

　株価が高い銘柄ほど魅力的な銘柄であるということにもなるので、あきらめてしまうのは残念すぎます。そういうときは、1単元に満たない単位でも株を買える証券会社を利用する手があります。

たとえば、SBIグループ傘下のSBIネオモバイル証券では、1株単位で取引が可能です。同じく新興のLINE証券やPayPay証券（旧・ワンタップバイ）、大手ネット証券でもSBI証券やマネックス証券でも、100株に満たない単位でも投資できる「単元未満株」を扱っています。

　こうしたサービスを活用すれば、手元資金が最低単元に届かない銘柄でも投資することができます。

　とはいえ、単元未満株は取引チャンスが１日３回程度に限られ、リアルタイムの売買ができなかったり、取引の価格を指定する指値注文や逆指値注文（146ページ）ができないといった制限があります。

　手数料の面からも、100単元で買う通常の取引の方が有利ではあるので、資金が少ないうちは単元未満株で取引をし、ある程度資金が大きくなったら通常の取引にスイッチするのがお勧めです。

STEP2　企業分析で絞り込む！

　気になる銘柄が見つかったら、業績を確認しましょう。株探のトップページから会社名や証券コード（上場する企業に割り振られる４桁の数字）を入力して、企業情報ページを表

図15　株探のエムスリー（2413）の決算情報のチェック方法

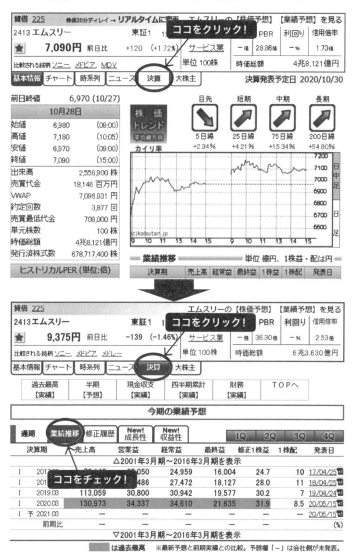

出典：株探　https://kabutan.jp/

示します。

　企業情報のトップには、基本情報が表示されています。ここで「決算」というタブをクリックします。

　決算情報ページを少し下にスクロールすると、「通期」と「3ヵ月決算【実績】」という欄があるので、「業績推移」のタブをクリックします。

　「通期」では1年ごと、「3ヵ月決算【実績】」では3ヵ月に一度発表される四半期ごとの決算情報が過去8回分掲載されているので、「売上高」と「修正1株益」をチェックします。

　売上高は最低でも10％以上の増加、いわゆる「2ケタ増収」が続いているのが投資候補銘柄入りの条件です。

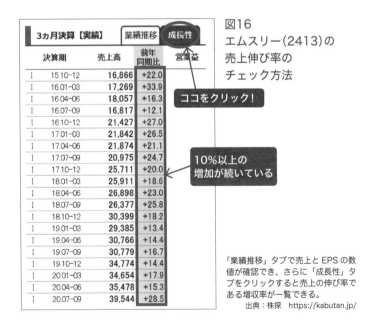

	決算期	売上高	前年同期比	営業益
I	15.10-12	16,866	+22.0	
I	16.01-03	17,269	+33.9	
I	16.04-06	18,057	+16.3	
I	16.07-09	16,817	+12.1	
I	16.10-12	21,427	+27.0	
I	17.01-03	21,842	+26.5	
I	17.04-06	21,874	+21.1	
I	17.07-09	20,975	+24.7	
I	17.10-12	25,711	+20.0	
I	18.01-03	25,911	+18.6	
I	18.04-06	26,898	+23.0	
I	18.07-09	26,377	+25.8	
I	18.10-12	30,399	+18.2	
I	19.01-03	29,385	+13.4	
I	19.04-06	30,766	+14.4	
I	19.07-09	30,779	+16.7	
I	19.10-12	34,774	+14.4	
I	20.01-03	34,654	+17.9	
I	20.04-06	35,478	+15.3	
I	20.07-09	39,544	+28.5	

3ヵ月決算【実績】 業績推移 成長性

ココをクリック！

10%以上の増加が続いている

図16
エムスリー（2413）の売上伸び率のチェック方法

「業績推移」タブで売上とEPSの数値が確認でき、さらに「成長性」タブをクリックすると売上の伸び率である増収率が一覧できる。
出典：株探　https://kabutan.jp/

「成長性」のタブをクリックすると、売上の伸び率である増収率を一覧できるので便利です。**できれば25％以上の伸びが続いているのが理想**です。

修正1株益は、EPSのことです。こちらも増加基調にあるかどうかをチェックしてください。

これは方向感が重要なので、**伸び率が大きければ大きいほど良いですが、増えていればOK**です。

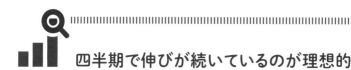

四半期で伸びが続いているのが理想的

ここで注意したいのが、**「3ヵ月決算【実績】」の欄は、時系列で伸びている必要はない**ということです。

たとえばゼネコンは1年間の売上や利益が年度末である3月に集中することが多く、ほかにも季節によって業績に偏りがある企業はたくさんあります。

このため、業績の伸びを見る際は、**前の年の同じ期（前年同期比）で伸びているかどうかを確認**します。株探の無料版で確認できる2年分ぐらいは、**すべての四半期で伸びが続いているのが理想**です。

投資判断するうえで最も重要なのはEPSなのですが、EPSは最後に残った最終利益で計算されるので、たまたま企業が

持っていた株の株価が上がったとか、たまたまいらないビル
を売って売却益が出たといった本業に関係ない理由でEPS
が跳ね上がることがあります。

　こうしたイレギュラーな要因ではなく、本業で成長できて
いるかを確認するために、**必ず「売上高」もセットでチェッ
ク**しましょう。

　まとめると、以下のようになります。

> ❶ 売上高は2ケタ増収が続いていること。25%以上増え
> 　ているのが理想
> ❷ 修正1株益（EPS）の増加が続いていること
> 　（いずれも右肩上がりでなくても、前年同期比で伸び
> 　ていればOK）

　この条件を満たした銘柄は、投資候補銘柄リストに加えて
次のステップに進みます。

　満たさないようなら潔くあきらめます。アナリストやカリ
スマ投資家が勧めている記事などで魅力的な成長ストーリー
があるような企業は、それだけで投資したくなるかもしれま
せんが、ここはぐっと我慢し、それが業績に反映されるのを
待ちましょう。

　**そこから参戦しても、上昇余地は十分にあるので、焦る必要
はない**のです。

ちなみに、**利益がマイナスになっている赤字企業は避けます。**

　特に新薬やワクチンを開発しているバイオ企業は一発当てれば大儲けできるうえ、株の値動きがとても激しいので、一攫千金を夢見る投資家が赤字を気にせず資金を投じるケースがよくあります。

　しかし、その一発が本当に当てられるかどうかなんて、中の人にだってわからないのですから、こうした投資はギャンブルでしかありません。

　わざわざこんな銘柄を選ばなくても魅力的な銘柄はたくさんあるし、仮に今見つからなかったとしても、業績を伸ばす企業はこれからいくらでも生まれてきます。

　ただ、バイオのようなリスクの高いビジネスではなくても、事業拡大を優先して広告宣伝や採用などに多額の投資をし、結果として赤字になっている企業もあります。

　売上は急成長していて、投資を抑制すればいつでも黒字にできる、というイメージで、上場してまもない成長株に多いパターンです。

　有名どころでは、メルカリのような企業がこれにあたります。同社は破竹の勢いで売上を伸ばしており、国内事業では利益を出していますが、海外での投資を積極的に進めていることからトータルでは赤字となっています。

こうした企業の中には大きな業績成長が期待できる銘柄も多く、バイオ企業と同様にギャンブル的だと評価するべきではありません。

　ただ、こうした企業への投資は、ある程度経験を積んで、企業分析もできるようになってからトライすべきだと思うので、ここで紹介する基本の投資では対象に含めません。

　利益を出せるようになってから投資しても、十分間に合います。

STEP3　上昇トレンドをチャートでチェック

　次はチャートでトレンドをチェックします。チャート自体は株探でも確認できますが、最も重要なテクニカル指標である移動平均線の期間が変えられないので、ここではトレーディングビュー（https://jp.tradingview.com/）というサイトを使います。

　もちろん、移動平均線の期間を変えられるチャートであれば、証券会社のサイトやツールのチャートなど、なんでもかまいません。気になる銘柄の日足チャートを表示し、移動平均線を表示させます。

　移動平均線は英語でSimple　Moving　Averageと表記

図17　トレーディングビューでの200日移動平均線の見方

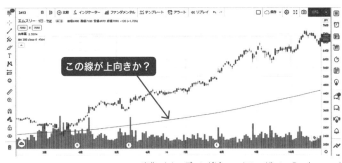

この線が上向きか？

し、SMAと略されることがあるので、トレーディングビューのサイトでは、「インジケーター＆ストラテジー」の項目から「SMA」と検索すると出てきます。

　移動平均線の期間を、200日に設定します。トレーディングビューの場合、いったんSMAを表示させてから、左上のMAの設定欄からパラメーターを選択し、期間を200にすることで変更できます。

200日移動平均線で行う候補銘柄の絞り込み

　ここで見る点はひとつだけ、**表示させた200日移動平均線が上を向いているかどうか**です。

　上を向いていれば、投資候補銘柄のリスト入り決定です。

もし下向きだったら、その銘柄への投資は現時点では見送りです。**トレンドが変われば、いずれ上を向いてくるので、監視銘柄リストには入れておきましょう。**

　上向きになる前に投資して成功すれば利益を大きくできますが、僕の投資は勝率を重視するのでこうしたリスクは取らず、**すでに上昇トレンドに乗っている銘柄にしか投資しません。**

STEP4　短期的に上がりすぎていないか

　STEP3までの条件を満たしていれば、良い銘柄であることはほぼ確定できるのですが、どんなに良い銘柄でも買い時を間違えてしまうと利益を出せません。

　特に成長株は、人気株化しすぎて過剰に買われ、株価が上がりすぎてしまう局面があります。

　基本的に上昇基調であることには変わりがなくても、短期的に上がりすぎてしまうといったんは下落して熱を冷ますということがよくあります。

　これを「株価が調整する」とか「調整局面入り」といいます。

　株価が高くなっている成長株では、一時的な調整であってもけっこうな下落幅になってしまうので、こうした調整局面につかまらないようタイミングを見極めることが重要です。

株価が高くなりすぎていないかをチェックするには、ふたつの方法があります。

ボリバンと乖離率で怪しい株価を見極めろ

CHECK

株価高くなりすぎチェック法 ❶
● **ボリンジャーバンド**

こちらもチャートに表示するテクニカル指標ですが、移動平均線と同様に、一目で判断できる簡単な指標です。株探であれば、銘柄情報の「チャート」タブをクリックし、「ボリンジャーバンド」のボタンにチェックを入れれば表示されます。

ボリンジャーバンドは統計学的なアプローチで、上がりすぎや下がりすぎを判断するテクニカル指標です。

真ん中の緑の線が中心線となる移動平均線で、それを挟んでいる上下の青い線が±２σ（シグマ）、一番外側のピンクの線が±３σを表します。

中心より上にあるのがプラスで、下側がマイナスとなります。

図18　ボリンジャーバンドで高くなりすぎているかどうかの見方

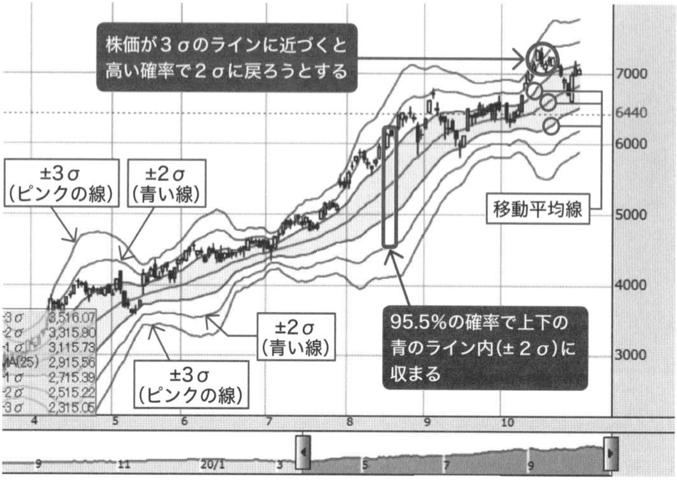

株価が3σのラインに近づくと高い確率で2σに戻ろうとする

±3σ（ピンクの線）

±2σ（青い線）

±2σ（青い線）

±3σ（ピンクの線）

移動平均線

95.5％の確率で上下の青のライン内（±2σ）に収まる

3σ	3,516.07
2σ	3,315.90
1σ	3,115.73
MA(25)	2,915.56
1σ	2,715.39
2σ	2,515.22
3σ	2,315.05

出典：株探　https://kabutan.jp/

　統計的には、95.5％の確率で株価は±2σの中に収まり、99.7％の確率で±3σの中に収まることになります。

　要するに、株価が±2σを超えたところにいるのは珍しく、ましてや**±3σ付近まで達するのは非常にまれ**なので、いずれ±2σの範囲に戻っていく可能性が高いということになります。

　そこで、**株価が3σのラインに近づいているときは高くなりすぎており、いずれ2σまで戻ってくる可能性が高いので、すぐには投資せずに様子見の判断をします。**

株価高くなりすぎチェック法 ❷

● 25日移動平均線乖離率

　25日移動平均線から株価がどれだけ離れているか、を示すのが、移動平均乖離率（カイリ率）です。

　株探では、「カイリ率」のボタンにチェックを入れれば、25日移動平均線からの乖離率の折れ線グラフが表示されます。

　ローソク足にカーソルを合わせると、左下のボックスにその時点の乖離率の数字も表示できます。

　移動平均線乖離率は、株価が移動平均線から大きく離れてしまうのはイレギュラーな動きであり、いずれも移動平均線の近くに戻ってくる、という考え方が基本にあります。

　移動平均線より株価が大きく上に離れてしまったときは、株価が過熱気味となっていて、いずれ株価は調整して移動平均線付近まで戻ってくると考えるわけです。

　移動平均線との乖離率が高くなるほど、投資タイミングとしては高値づかみの危険があるということになります。

　乖離率自体は、どの期間の移動平均線でもあてはまりますが、短期的な買いタイミングを計るには、25日移動平均線が適しています。

　次ページ図19のエムスリーの例を見ると、赤い25日移動

平均線と株価の間隔が広がっているように見える分は、ほぼ乖離率が10％を超えています。

　この銘柄は、おおむね10％以上乖離すると、いったんは調整して移動平均線に近づいてくると考えられるので、**乖離率が10％を超えているタイミングでは投資を見送り、移動平均線近くまで下落するのを待って投資する**方が失敗が少なく、利益も大きくできる可能性があります。

　どの程度、乖離すると反落してくるかは、その銘柄によって違います。過去１年程度のチャートを見ながらその銘柄ではどのぐらい乖離すると下落してきたかという値動きのクセを判断し、投資タイミングを見極めましょう。

図19　エムスリー（2413）の日足チャートで見る乖離率

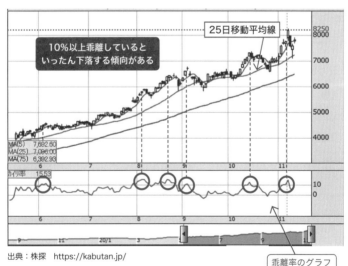

出典：株探　https://kabutan.jp/

短期的な株価の過熱感を判断するボリンジャーバンドと25日移動平均線乖離率は、ふたつともチェックして、双方で過熱感がないと判断できたタイミングで投資します。

買い時ではないと判断したら、数日置いてからまたチェックし、条件をクリアできたら次のステップに進みます。

STEP5　いざ、投資！

ここまでの条件がクリアできていたら、すぐに投資してOKです。使っている証券会社の口座で買い注文を入れましょう。

少しでも安く買いたいなら、そのときの株価より少しだけ下の株価に指値注文を入れてもいいですが、ここまで来たらあまり気にする必要はありません。僕はいつも、**その場でそのときの価格で売買を成立させる「成行注文」で、さっさと買ってしまいます。**

市場の雰囲気は重視しよう

僕の基本の投資法は以上になります。これは業績がしっか

り成長している銘柄を、高すぎないタイミングで買う方法です。

より成功率を高めたい人にぜひチェックしてほしいのが、市場全体の雰囲気です。

よくニュースで、「日経平均株価が29年ぶりに2万6000円台を回復」とか「日経平均株価が大幅反発、500円超上昇」「日経平均続落、下げ幅一時300円超える」といった株式市場の動きを伝えているのを目にすることが多いと思います。

日経平均株価は、日本経済新聞社が東証1部に上場する企業の中から選んだ、日本を代表する225社の平均株価で、日本を代表する株価指数です。

この日経平均株価の値動きで、そのときの株式市場が勢いよく上昇しているのか、あるいは動きがない状態なのか、あるいは下落しているのかといった市場全体の状況を判断できます。

市場が元気なときはどんな銘柄でも上がりやすい環境にあるので、同じ銘柄に投資をしていても成功しやすく、上昇幅も大きくなるので利益も伸ばしやすくなります。

逆に市場全体が下落しているときは、良い銘柄でも上昇が抑えられがちになり、あまり値幅が取れなかったり、失敗の確率も高くなります。

個別銘柄への投資であっても、市場全体の状態には大きく左右されてしまうのです。

成功率を上げるには、**市場全体の状態を確認して、なるべく市場が元気なときに投資するのが重要**になります。そのためには、買いたい銘柄がどの市場に属しているかを見て、その指数の日足チャートをチェックしましょう。

　日経平均株価に採用されている銘柄なら日経平均株価が、東証マザーズに上場している銘柄であれば東証マザーズ指数が最重要指数です。

　それ以外の銘柄であれば、東証株価指数（TOPIX）を確認します。

　そして、ここでも活躍するのが、移動平均線です。**1ヵ月以内に結果を出したい人であれば、各指数の日足チャートの25日平均線をチェック**して、上向きであれば追い風が吹いていると判断できます。この場合、資金のある人は多めに投資をしてもOKです。

　逆に下向きであれば、資金の多い人は控えめに投資するのはOKですが、そうでない人は上向くまで投資を見合わせるのも成功率を高めるひとつの方法です。

　3ヵ月以上の中期でしっかり株価上昇を狙いたい人なら75日移動平均線を見ます。1年以上の長期投資であれば、200日移動平均線で同じ確認をします。

　これはあくまでも追い風か逆風かを確認するだけなので、**移動平均線が上を向いているからといって全力買いしていいと**

いうわけではありません。

　あくまで市場全体のトレンドを味方につけるのが目的で、資金のある人がどの程度のボリュームで投資すべきかの判断や、より慎重に投資をしたい場合に市場が元気になるのを待つといった程度に活用するのが良いでしょう。

　また、下向きになったらボリュームを減らすとか、投資を見合わせるという慎重な行動は、勝率を高めるうえではかなり役立つと思います。

　僕自身も、移動平均線が上向きなら少し多めに投資をして、下を向いたら減らして様子を見る、という風に活用しています。

決算発表日は座して待て

　ここまで解説してきた通り、**売上高とEPSが順調に伸びており、200日移動平均線が上向きで、短期的な過熱感がないと判断できれば、基本的にはゴーサイン**です。株式市場全体が元気であれば、もう絶好のタイミングです。

　ただ、投資期間がおおむね3ヵ月以内の短期投資を考えている人には、もうひとつ注意してほしいことがあります。**それが決算発表**です。

前述した通り、決算は３ヵ月に一度、公表されます。決算は企業業績の成績表のようなものなので、株式市場や投資家の行動に大きな影響を与えます。

　良い決算で株価が急騰したり、悪い決算で急落するということも多いうえ、決算の前にも期待の買いが入ったり、十分上昇している銘柄ならいったん利益確定の売りが入ったりと、値動きが荒くなる傾向があります。

　投資しようとする銘柄の次回の決算発表の予定をチェックし、**それまでの期間が１週間を切っているようだと様子見した方が良い**かもしれません。

　決算発表を受けて株価が上昇すると確信できるなら、決算の前に投資するのもいいのですが、万が一期待ハズレの決算が出て急落しようものなら目も当てられない状況になります。

　慣れないうちは決算を確認してから買う方が安全です。良い決算が発表されてから次の決算までの３ヵ月間は、値動きが荒れる可能性は少なく、突発的なことがない限りは順調に上がっていくと考えられるので、比較的安心して投資できます。

　決算発表前後の値動きやそれを受けての投資については、第８章で詳しく解説しています。

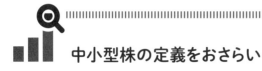

中小型株の定義をおさらい

いったい何をもって大型株、中型株、小型株を線引きする
かについては明確な定義はないのですが、東京証券取引所が
指数を算出するために以下のような定義を定めています。

 東京証券取引所の基準

大型株： 時価総額と流動性が高い、上位100銘柄
（TOPIX100の算出対象）

中型株： 大型株についで時価総額と流動性が高い、
上位400銘柄（TOPIX Mid400の算出対象）

小型株： 大型株・中型株に含まれない全銘柄
（TOPIX Smallの算出対象）

とはいえ、これだといちいち調べるのも面倒だし、入れ替
わりもあるので、本書では大まかには時価総額が3000億円
以上あれば大型株としています。

中型株は、時価総額が500億円以上3000億円未満、小型
株は500億円未満が目安となります。

株の買い時流の基準

大型株： 時価総額が3000億円以上
中型株： 時価総額が500億円以上3000億円未満
小型株： 時価総額が500億円未満

　僕の手法での投資対象は中小型株なので、原則として時価総額は3000億円未満の銘柄となります。特に**500億円未満の小型株は、ちょっとした好材料があれば株価2倍ぐらいは軽く上昇する**ので、投資対象としてはとても夢があります。

　ただ、時価総額の小さい銘柄の中には、株が売買される量が極端に少なくて、売りたいときになかなか売れない銘柄があるので注意が必要です（この状態を、「流動性に乏しい」

図20　大、中、小型株の基準

	株の買い時の基準	東京証券取引所の基準
大型株	時価総額が3000億円以上	時価総額と流動性が高い、上位100銘柄（TOPIX100の算出対象）
中型株	時価総額が500億円以上3000億円未満	大型株についで時価総額と流動性が高い、上位400銘柄（TOPIX Mid400の算出対象）
小型株	時価総額が500億円未満	大型株・中型株に含まれない全銘柄（TOPIX Smallの算出対象）

といいます）。

　流動性が十分な株価であれば、現状の株価が100円であるときは100円で売れますし、だめだとしても99円で買いたい人や98円で買いたい人がたくさんいるものです。

　しかし、流動性が低い銘柄の場合、売買したい人の数が極端に少ないため、100円で買いたい人がなくなると、次の買い注文は80円で100株だけ、といった状況があり得ます。

　こんな状態でもしあなたが「300株売りたい」と考えている場合、さっきまで100円の株価がついていたのに80円で100株しか売れない、残りの200株を売ろうとするなら、「70円なら買ってもいい」という人と取引しなければならなくなるのです。

　こうした銘柄では個人投資家の小規模な取引でも株価に影響を与えることもあり、値動きが非常に激しくなってしまいます。

　せっかく株価が上がってもその恩恵を受けづらく、思わぬ損失を被る可能性も高くなります。こういう銘柄を保有すると、目を離すことができないので日中ずっと株価をチェックしていられないような人は避けるべきです。

　値動きが軽いことそのものは、上昇パワーにつながるのでメリットではあるのですが、軽すぎるとこうしたデメリットが大きくなります。

　こうした銘柄を避けるには、「出来高」をチェックしましょ

図21 「株探」で見る出来高の指標

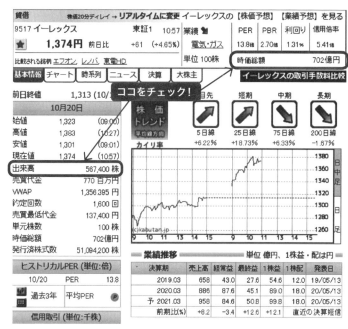

1日の出来高が5万株以上あればOK。同様に時価総額もチェックしよう。

出典：「株探」https://kabutan.jp/

う。出来高とは、1日あるいは一定の期間で売買が成立した株数のことです。

　目安として、**1日の出来高が5万株を下回る銘柄は流動性に不安があるので手を出さないのが無難**です。出来高は株探の銘柄ページのほか、ネット証券などの銘柄情報ページで簡単に確認できます。

第5章　5ステップで簡単！賢い株の選び方・買い方

第6章

勝率を1%上げる、最高の売り方

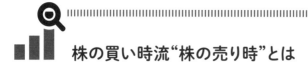

株の買い時流"株の売り時"とは

　良い銘柄を良いタイミングで買えたとしても、株式投資はそれで終わりではありません。「売る」という出口戦略は、「買い」と同様に結果を左右する重要な要素となります。

　割安株であれば、もともと安い株価で放置されていたものを買っているため、それほど出口戦略を意識する必要はありません。

　成長シナリオが続く限り、または適正な株価水準に上昇するまで持ち続ければOKではあります。

　しかし、成長株は割安株に比べると、<mark>出口戦略を間違えると致命傷を負う</mark>ことがあります。

　値動きが激しく、市場全体が好調なときは上がり続けて莫大な利益をもたらしてくれることがある一方で、市場が不安定になってくると業績の良い銘柄であっても叩き売られてしまうので（それでも業績の悪い銘柄に比べれば下落は限定的ではあります）、<mark>損失が出た場合の損切りが非常に重要</mark>になってきます。

　利益が出ている場合も、早く売りすぎるとその後さらに上昇した場合の利益を取り損ねるおそれがある一方で、その後も上がり続ける保証はありません。

そこが天井かもしれないので、利益が出ているうちに確定しておくという考え方もあり、正解はひとつではありません。

僕が実行している"株の売り時"は、次の3つのパターンがあります。**このうちのどれかひとつにあてはまったら、利益が出ていようが損が出ていようが何も考えずにすぐ売ります。**

成長株はこうした時にためらっているとどんどん下がるので、機械になったつもりで売りボタンをクリックしてください。

致命傷を許さない"3つの損切りポイント"

CHECK

①25日移動平均線割れで売る

図22は、AI・IoT・Robot・ビッグデータのライセンス販売・保守サポートサービスを行うオプティム（3694）の四半期業績です。

何度か例外はあるものの、2015年から売上高は2ケタでの増収を続けている成長株です。

株価も上下に小さなギザギザを描きながらも右肩上がりで、もちろんEPSも上昇を続けており、投資対象としては文句のつ

けようのない銘柄です。

　ただ、どんなに良い銘柄であっても、株式市場全体が下落すると巻き込まれることが多くあります。

　逆行高となる銘柄もあるのですが、それまで上昇を続けてきたような銘柄の場合は**いったんは巻き込まれて下落する**のが普通です。

　2020年2月は、新型コロナウイルスの脅威が意識され始めた時期です。このときはどの程度のウイルスなのかまったくわからないため、社会にはもちろんですが株式市場にとっても、とてつもない脅威でした。

　市場はこうした不確実なこと、要するに**「よくわからない」**

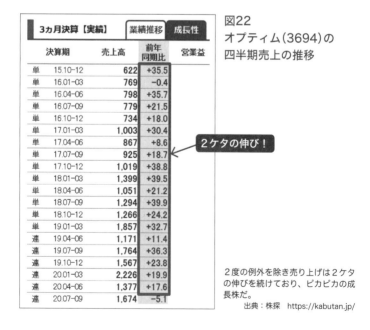

図22
オプティム（3694）の
四半期売上の推移

2度の例外を除き売り上げは2ケタの伸びを続けており、ピカピカの成長株だ。

出典：株探　https://kabutan.jp/

136

「予想がつかない」ことを最も嫌うため、日本はもちろん世界中の株式市場で株価が暴落しました。

　絶好調な業績を背景に、年明けから順調に上昇してきたオプティムの株価も、2月中旬に下落に転じ、2月末にはついに25日移動平均線を割り込んできました。

　どんなに業績が良い銘柄でも、株式市場全体が下落する中で、ましてや世界経済が未知のウイルスの恐怖でパニックになっているようなときに、上昇を続けるのは難しいものです。

　この場合も、結果としては4月まで持ち続けていれば回復していますが、常にそうなるとは限りません。大底では直近の高値から1000円ほども下落しているので、精神的にも耐

図23　オプティム（3694）の日足チャート

25日移動平均線（株探では赤い線）を下に割り込んできたら、下落トレンド転換の可能性が浮上しているので売る。

出典：株探　https://kabutan.jp/

えられず、この大底で投げ売ってしまう可能性も高くなります。こうしたことを防ぐため、傷が浅いうちに売却しておくのが安全です。

　良い銘柄であれば、株式市場が持ち直し、株価が25日線を回復してきたところで再び買い戻せば、上昇の恩恵は十分受けられます。

　株価が25日移動平均線の上で推移しているうちはいいのですが、下に割り込んでくると多くの人が下落トレンドに転換するリスクを意識します。

　実際に、トレンド転換を表すMACDというテクニカル指標も、この"移動平均線"をもとに計算されているほどです（厳密には指数平滑移動平均ですが）。

　トレンドを判断するテクニカル指標としてすでに紹介した200日移動平均線は長期のトレンドを表すのに対し、25日移動平均線は短期と中期のトレンドを表します。

　おそらく日本では最も見られているテクニカル指標で、株探はもちろん証券会社のチャートなどはほぼすべて移動平均線を表示すると25日線がデフォルトで出てくるほど、みんなが見ていて、強く意識されるテクニカル指標です。

　実際に、上昇トレンドにあるチャートの場合、25日移動平均線が株価の下支えになっているものです。逆に、下落ト

レンドにあるチャートの場合、図24の大日本印刷（7912）のように、25日移動平均線とローソク足がぶつかって、上値（現在の株価よりも高い値段のこと）を抑え込んでしまうことになります。

　要するに短期の値動きでは、上昇トレンドでは25日線が下値をサポートし、下落トレンドでは上値を抑える抵抗線になることが多いのです。

　つまり、上昇トレンドにあった株価が25日移動平均線を下回ってくるということは、短期目線でいうと、これからトレンドが変わる可能性が浮上してきたということになります。

図24　大日本印刷（7912）の日足チャート

25日移動平均線（株探では赤い線）が株価の上値を抑え込んでしまっている。

出典：株探　https://kabutan.jp/

見ている人が多く影響力が大きいからこそ、**株価がこの線を割り込んだ瞬間、激しく売られる**ということにもなります。

1年ぐらいの長期で株価2倍3倍を狙うというスタンスであれば様子見でも良いと思いますが、1ヵ月以内にある程度の結果を出したいと考えている場合は、**25日線を割ったらすぐに手放すべき**です。

現実には、25日線を割り込んだら必ず下落トレンドに転換するわけではなく、すぐに回復することも多くあります。

後から見たら、安く買えるチャンスだったということもたくさんあります。

しかし、成長株投資では下落トレンドへの転換を確認できたときには、損失が大きくなりすぎてしまうので、**可能性が生じたときにとりあえず売っておくのが鉄則**です。

「別にあのとき売る必要はなかった」と後悔するときの機会損失よりも、「売っておけばよかった」と後悔したときに直面する損失額の方がはるかに大きくなります。

大切な資金を守るためには、どんな良い銘柄であっても、**「とにかく25日線を割ったら売る」**が鉄則です。

CHECK

②成長シナリオが崩れたら売る

僕の成長株投資を実践する場合、投資銘柄は業績が絶好調

で今後も伸びが期待できる銘柄です。

この状態が継続する限りは、株価は青天井に伸び続けることになります。

しかし、この成長シナリオが崩れた場合はどうでしょうか。

そもそも成長期待が高いから投資しているのに、それが崩れてしまったら投資する理由はなくなってしまいます。当然、これは即、売りの判断になります。

図25は、ビジネスデータ販売やニュースメディア運営を手がけるユーザベース（3966）の四半期業績です。

2017年7-9月期から売上は2ケタでの伸びが続いており、成長株らしい勢いのある伸び率が続いていました。

ところが、2020年2月に発表された19年10-12月期の

3ヵ月決算【実績】 業績推移 成長性			
決算期	売上高	前年同期比	営業益
16.07-09*	800	—	
16.10-12	903	—	
17.01-03	973	—	
17.04-06	1,054	—	
17.07-09	1,146	+43.3	
17.10-12	1,392	+54.2	
18.01-03	1,488	+52.9	
18.04-06	1,580	+49.9	
18.07-09	2,363	2.1倍	
18.10-12	3,909	2.8倍	
19.01-03	2,847	+91.3	
19.04-06	2,818	+78.4	
19.07-09	2,808	+18.8	
19.10-12	4,048	+3.6	
20.01-03	3,171	+11.4	
20.04-06	3,183	+13.0	
20.07-09	3,584	+27.6	

成長の鈍化の疑いが浮上

図25
ユーザベース（3966）の
四半期売上の推移

売上は2ケタ以上の伸びが続いていたのに、19年10-12月期に突然、3.6％と伸び率が鈍化している。2ケタ成長というシナリオが崩れたと判断できる。

出典：株探　https://kabutan.jp/

141

決算で、突然「3.6％」という１ケタの伸び率が出てきたのです（図25）。

　こうした上場からあまり時間がたっていない成長真っ盛りの銘柄には、投資家は高い伸び率を期待します。**３％台の伸びでは、成長株とはいえません。**

　これが利益であれば、なんらかの前向きな投資や費用を使った場合に落ち込むことはありますが、**売上はまさに成長の源泉で、伸びが鈍化するというのは危険なサイン**です。

　この銘柄の場合、決算発表の１ヵ月ほど前から株価は下落に転じており、25日移動平均線を下回っていました（図26）。

　長期で成長を信じるのであれば、25日線を下回っている状態は様子見しても良いのですが、**この「ガッカリ決算」は**

図26　ユーザベース（3966）の日足チャート

ガッカリ決算を機に下落に転じた

25日移動平均線

MA(5) 2,102.60
MA(25) 2,311.48
MA(75) 2,182.11

出典：株探　https://kabutan.jp/

スルーしてはいけません。２ケタ成長のシナリオが崩れたのならば、売るのもありでしょう。

この銘柄の場合、次の決算からは２ケタ増収路線に復帰していますが、それは結果論でしかないので、3.6％という数字を見た時点で決断が必要です。

そのあと、成長路線に復帰したと判断できるなら、また投資すればいいだけです。

CHECK

③７〜８％の損失が出たら売る

同じ売りでも、ここまでで紹介した25日移動平均線割れや成長シナリオの崩壊の場合、すでに十分な利益を確保したうえでの利益確定にもなり得ます。

天井で売っておけばもうちょっと利益が大きくなったのに、と思うことはあるでしょうが、利益が出ていればある程度納得して売ることもしやすいでしょう。

しかし、一定の損失が出たら売る、というパターンは、100％損切りです。

いざ、その渦中にあると実行するのが難しいと感じたり、「もう数日だけ待ってみよう」などと思うかもしれませんが、それは厳禁です。

損切りは、ルール通りに実行することに意味があります。最初は難しいと感じても、何度もやっているうちに慣れてくるものです。

　どんなに良い銘柄であっても、損切りしなければならない局面というのは一定程度あるので、あまり気に病まないことです。

　図27は、ふるさと納税サイトが業績をけん引しているチェンジ（3962）のチャートです。業績が絶好調だったところに、ふるさと納税に積極的な菅新首相の誕生も追い風となり、買いが買いを呼ぶ展開が続いていました。

　株価はあきらかに過熱しており、下落が始まる前日の**25**

図27　チェンジ（3962）の日足チャート

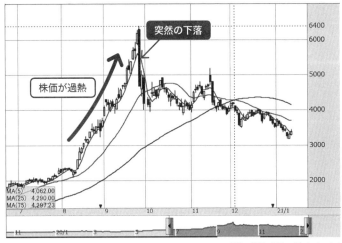

出典：株探　https://kabutan.jp/

日移動平均線乖離率は40％を超えていました。

　株探で連日、上場来高値を更新していた株価が、さらに高値を取りこの日も上昇のまま取引を終えるかと多くの投資家が見ていたとき、突然株価は下落に転じました。

　その下落の勢いはすさまじく、売りが売りを呼ぶ展開で、結局その日は2865円という下落幅に。

　この銘柄を持っていた投資家にとっては、**たった１日で資産が30万円も減った**ことになります。

　翌日は反発したものの、その次の日はまた大きく下落することになりました。

　おそらくこれは、**株価が上がりすぎていたことで、利益を確定しようとする大きな売りが入ったと考えられます。**

　この銘柄は100株買うのに100万円以上必要だったので、資金の３倍の取引ができる「信用取引」で保有していた投資家も多かったのでしょう。

　一般的な株取引である現物株なら、保有株が値下がりしても値下がりした分だけの損失で済みますが、**信用取引は損失も３倍**になります。

　しかも現物のように大きな含み損を出したまま抱えていることが難しいので、こうした局面では投げ売りが出やすくなります。

　売る人が増えればさらに下がり、下がればさらに売りが増えるという展開につながりやすいのです。

この銘柄の場合、業績は絶好調でしたし、25日移動平均線も下回っていませんでした。

　それでも、こうしたことがあり得るのだということは肝に銘じておく必要があります。

安心安全な逆指値注文

　②の「成長シナリオが崩れたら売る」パターンであれば、ガッカリ決算を確認したら、**翌朝に成行で売るよう注文を出しておけばOK**です。

　しかし、①の「25日移動平均線割れで売る」にはチャートを毎日チェックしておく必要があります。

　また、チェンジの例のように**売りのタイミングは突然やってくることがあるので、気を抜けません。**

　長期目線で投資しているのであれば日々の値動きを監視する必要はありませんが、僕のように比較的短期で利益を狙うのであれば、**最低1日1度は株価をチェック**しておきたいものです。

　できれば朝夕の通勤電車と昼休みなど、2〜3回見られると、なおいいです。証券会社のスマホアプリを使えば、株価チェックだけでなく注文も簡単にできるので、利用しましょ

う。

「25日移動平均線割れで売る」と「7〜8％の損失が出たら売る」のパターンに対応するには、**「逆指値注文」を入れておくと安心**です。

「逆」がついていない「指値注文」は、「ここまで安くなったら買う」「ここまで高くなったら売る」という株価を指定して売買注文する方法ですが、「逆指値注文」はまさにこの逆のパターンになります。

「ここまで下落したら売る」「ここまで上昇したら買う」という、一見投資家にとって損になるような売買を、株価を指定して事前に注文を出しておく方法で、損切り注文にとても便利です。

図28　指値注文と逆指値注文の違い

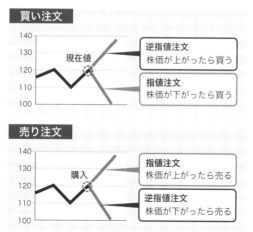

たとえば、投資した後すぐに、7〜8％の損失が出る水準に逆指値注文を入れておいて、思惑通りに上昇したら25日移動平均線割れのポイントに逆指値注文をずらしておきます。

**　具体的には、すでにある逆指値注文を取り消して新しい逆指値注文を入れます。**

　25日移動平均線は日々動いているので、割れるポイントが大きく動いたら再度ずらすという作業を繰り返します。

　この方法で逆指値のポイントを上にずらしていくと、最初は損切りの注文だったのが、利益確定注文に変わるのがわかると思います。

　25日移動平均線を下回って、利益がこれ以上伸びない可

図29　逆指値注文のずらし方の例

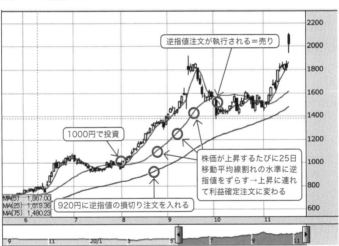

最初は7〜8％の損失の水準に逆指値注文を入れておき、上昇したら25日移動平均線割れの水準にずらしていく。

出典：株探　https://kabutan.jp/

148

能性が濃厚になってきたときに利益確定する、という流れになります。

　ここで注意したいのは、このルールに従って逆指値を上にずらすのはOKですが、7〜8％の損失ポイントよりも下にずらすことは厳禁だということです。

　7〜8％の損失が出たら有無をいわさず売るというのは鉄の掟であり、「もう少し待てば回復するかもしれないから、少し下にずらしておこう」ということをやってしまうと、後はズルズル同じことを繰り返して取り返しのつかない額の損失を抱えることになります。

　僕もかつては、損切りができなくてズルズルと損失を拡大していましたが、今はあらかじめ決めておいた株価まで下がったら損切りしています。

　このスタイルを何年か続けてわかったのは、損さえ早めに切っておけば大事には至らないし、復活できるということです。

　チャンスはまたいくらでもやってくるので、**たった一度の失敗に固執しないことが重要**です。

逆指値注文ができないときの対処法

便利な逆指値注文は、大手ネット証券のほか、多くの証券会社で対応していますが、これは1単元といわれる100株以上で取引する場合に限られます。

資金が少ない人でも1株単位で投資できるネオモバイル証券やLINE証券、PayPay証券（旧・ワンタップバイ）は、現時点では逆指値注文ができません。

大手ネット証券でも、100株に満たない単元未満株の取引では、逆指値注文に対応していません。

単元未満株はリアルタイムの取引ができないため、これは仕方のないことで、現状ではあきらめるしかありません。

この場合は、**株価を毎日チェックして、損切りポイントに近づいたら手動で売り注文を入れましょう。**

利益確定ならまだいいのですが、手動で損切り注文を出すのは心理的につらく、ついつい先送りしてしまいがちなので、**機械にでもなったつもりで何も考えずに売却しましょう。**

第 7 章

常勝トレーダーに変わる企業分析必勝法

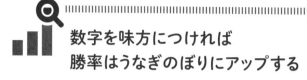

数字を味方につければ
勝率はうなぎのぼりにアップする

　第6章まででは、知識が十分でない投資初心者でも、シンプルなプロセスで勝率を高めていくための投資術を紹介してきました。この方法を使えば、難しい決算書が読めなくても、優良な成長企業に絞った投資ができるはずです。

　ただ、株式投資は、企業業績が命であることには変わりありません。

　自分の目でより詳細な評価や分析ができれば、投資の精度は大幅にアップします。「難しそう」と躊躇してしまう気持ちはよく理解できますが、心のハードルを少しだけ横にずらして、少しずつ数字を読むことにチャレンジすることをお勧めします。

　最初はよくわからなくても、**何度も見ていくうちに理解できるようになってきますし、これまでぼんやりしていた疑問点がクリアになっていくのがわかるはず**です。

　そして何より、自分で企業を評価できるようになると、株式投資がもっと楽しくなります。

　「難しそう」「面倒くさい」「時間がない」と敬遠していたのが嘘みたいに、「あの企業の決算を早く見たい！」となるのです。

この章では、よりステップアップしたいという人のための情報を紹介していきます。

決算短信は表紙だけ見ればOK

本格的な企業分析には、財務三表といわれる「損益計算書（PL）」「賃借対照表（BS）」「キャッシュフロー計算書」という３つの書類を見ることが必要といわれますが、成長株投資であればこれら全部をマスターする必要はありません。

ただ、企業が四半期に一度発表する「決算短信」には、これらのエッセンスが詰まっているので、まずは決算短信の１ページ目だけでも見られるようにすると見える景色が変わります。

上場企業は３ヵ月（四半期）ごとに決算を発表する決まりになっています。詳細なレポートは四半期報告書（その期の最後は有価証券報告書）で行われますが、まずは速報的に発表されるのが決算短信です。

会社が１年の最初（期初）に立てた業績計画の進捗とその成果を確認できます。

会社にとっての「１年」の始まりをどこにするかは、その

企業が自由に決められます。

日本の上場企業は約7割が3月末で1年を締める「3月決算」
といわれ、その場合、決算期は学校などと同じ4月から翌年
の3月です。

　3月決算企業の場合、決算期の始まりの4〜6月が第一四
半期、7〜9月を第二四半期、10〜12月が第三四半期、1
〜3月が第四四半期になります。四半期を英語でクォーター
というため、簡素化して1Q、2Qなどともいわれます。

　3月以外では、12月決算や9月決算の企業が比較的多く、
数は少ないもののそれ以外の決算月の企業もあります。

　決算短信は各四半期末の45日以内に出す決まりになって
いるので、決算発表は集中する傾向があります。

　各企業の決算発表日は近くなると発表され、企業のウェブ

図30　決算発表スケジュール（3月決算企業の場合）

四半期	期間	発表時期	決算の集計期間
第一四半期 （1Q）	4〜6月	7月下旬〜8月中旬	4〜6月
第二四半期 （2Q、中間期）	7〜9月	10月下旬〜11月中旬	4〜9月
第三四半期 （3Q）	10〜12月	1月下旬〜2月中旬	4〜12月
第四四半期 （4Q、通期）	1〜3月	4月下旬〜5月中旬	4〜翌3月

サイトのIRページや日本取引所グループの適時開示情報閲覧サービス（TDnet）、日本経済新聞社、ネット証券のウェブサイトなどで確認できます。

注意したいのは、各四半期で発表される数字は、各四半期の数字ではなく、期初からの累積であるということです。

第二四半期であれば3ヵ月前に発表した4〜6月の数字に7〜9月の数字を上乗せした数字であって、各四半期だけの数字ではありません。

第一四半期の売上高が40億円で、第二四半期の売上高が100億円と出ている場合、7〜9月の売上高を求めるには自分で引き算する必要があり、この場合は60億円となります。

その点、株探のサイトの決算情報はとても便利で、「3ヵ月決算【実績】」の欄を見ると、各四半期単独の成績を見ることができます。

図31　株探の3ヵ月決算の見方

	決算期	売上高	営業益	経常益	最終益	修正1株益	売上営業損益率	発表日
連	18.10-12	762	174	176	127	7.0	22.8	19/02/13
連	19.01-03	783	156	141	98	5.3	19.9	19/05/10
連	19.04-06	702	51	50	28	1.5	7.3	19/08/14
連	19.07-09	798	177	187	141	7.5	22.2	19/11/13
連	19.10-12	941	183	206	151	7.6	19.4	20/02/13
連	20.01-03	1,370	301	302	190	9.4	22.0	20/05/13
連	20.04-06	1,348	249	249	144	7.0	18.5	20/08/13
連	20.07-09	1,652	371	373	240	11.6	22.5	20/11/12
	前年同期比	2.1倍	2.1倍	+99.5	+70.2	+54.7		(%)

株探トップページ→決算→「3ヵ月決算【実績】」の欄は、四半期ごとの業績を確認できるので、業績の成長が一目でわかる。

出典：株探　https://kabutan.jp/

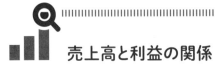

売上高と利益の関係

決算短信で最も重要な1ページ目では、「売上高」「営業利益」「経常利益」「当期純利益」という各項目の数字が示されます。

これは、決算書のひとつである「損益計算書」のデータです。「売上高」は、その企業が商品やサービスを売って得た金額です。

この売上高を受け取るまでにはさまざまな費用がかかっているので、この後それらを差し引きながら、企業に残る額を計算していきます。

図32　損益計算書の仕組み

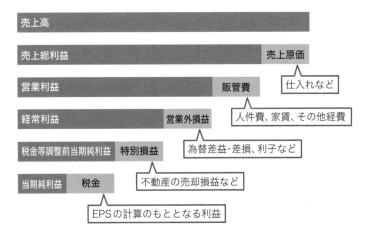

材料の仕入れなどにかかる費用が「売上原価」で、それを差し引いたのが「売上総利益」です。

　そこから、従業員の給料やオフィスの家賃などさまざまな経費である「販管費」を差し引いたのが「営業利益」です。

　営業利益は本業での活動で残った利益なので、投資家ではこれを重視する人が多いようです。

　この営業利益から、為替損益や利子など本業とは直接関係しない費用や利益を差し引いたのが「経常利益」です。

　さらに、子会社や不動産などを売却した際の利益や損失である「特別損益」を差し引いたのが「税金等調整前当期純利益」で、そこから税金を払って最後に会社に残ったお金が「当期純利益」になります。

　ちなみに、配当はこの当期純利益から支払われますし、EPS（1株あたりの当期純利益）の計算のもとになるのもこの当期純利益です。

　これらの項目は単独では評価できず、総合的に見る必要があります。

　たとえば、売上高は本業の稼ぎなので最も重要ではありますが、売上を上げるまでに費用がかかりすぎて会社に残る儲けが少ないと意味がないので、「営業利益」も併せて見る必要があります。

　さらに、**配当の原資でありEPS（1株あたりの当期純利益）**

第7章　常勝トレーダーに変わる企業分析必勝法

図33　決算短信の読み方

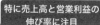

特に売上高と営業利益の
伸び率に注目

経営成績は
ここで見る

1．2020年9月期の連結業績（2019年10月1日〜2020年9月30日）

（百万円未満切り捨て）

（1）連結経営成績

（％表示は対前期増減率）

	売上高		営業利益		経常利益		親会社株主に帰属する当期純利益	
	百万円	％	百万円	％	百万円	％	百万円	％
2020年9月期	5,311	74.4	1,104	97.9	1,130	103.7	725	83.9
2019年9月期	3,045	38.5	558	51.8	554	46.3	394	91.4

（注）包括利益　2020年9月期　796百万円　（86.1％）　2019年9月期　428百万円　（102.9％）

	1株当たり当期純利益	潜在株式調整後1株当たり当期純利益	自己資本当期純利益率	総資産経常利益率	売上高営業利益率
	円 銭	円 銭	％	％	％
2020年9月期	35.03	32.67	16.9	20.	20.8
2019年9月期	21.04	19.83	16.2	16.	18.3

（参考）持分法投資損益　2020年9月期　37百万円　2019年9月期　△1百万円

（注）当社は、2019年7月1日付で普通株式1株につき2株の割合で株式分割を行っております。前連結会計年度の期首に当該株式分割が行われたと仮定して「1株当たり当期純利益」及び「潜在株式調整後1株当たり当期純利益」を算定しております。

（2）連結財政状態

	総資産	純資産	自己資本比率	1株当たり純資産
	百万円	百万円	％	円 銭
2020年9月期	7,127	5,582	75.0	248.80
2019年9月期	4,009	3,414	80.8	164.05

（参考）自己資本　2020年9月期　5,342百万円　2019年9月期　3,242百万円

（3）連結キャッシュ・フローの状況

	営業活動によるキャッシュ・フロー	投資活動によるキャッシュ・フロー	財務活動によるキャッシュ・フロー	現金及び現金同等物期末残高
	百万円	百万円	百万円	百万円
2020年9月期	930	△469	1,110	4,700
2019年9月期	374	△138	1,069	3,129

2．配当の状況

	年間配当金					配当金総額（合計）	配当性向（連結）	純資産配当率（連結）
	第1四半期末	第2四半期末	第3四半期末	期末	合計			
	円 銭	円 銭	円 銭	円 銭	円 銭	百万円	％	％
2019年9月期	－	0.00	－	0.00	0.00	－	－	－
2020年9月期	－	0.00	－	0.00	0.00	－	－	－
2021年9月期（予想）	－	0.00	－	0.00	0.00		－	－

3．2021年9月期の連結業績予想（2020年10月1日〜2021年9月30日）

（％表示は、対前期増減率）

	売上高		営業利益		経常利益		親会社株主に帰属する当期純利益		1株当たり当期純利益
	百万円	％	百万円	％	百万円	％	百万円	％	円 銭
通期	7,450	40.3	1,610	45.7	1,610	42.4	1,070	47.4	49.83

業績予想はここで見る

通期決算の際に併せて次の期の会社計画が発表される。通期決算の場合は、ここの数値が株価に大きな影響を与えることが多い。

の計算のもとになる「当期純利益」も重要です。

　決算短信の１ページ目には、その四半期までの「売上高」「営業利益」「経常利益」「当期純利益」が書かれているので、まずはここの数字をチェックしましょう。

　特に売上高と営業利益の増減に、株式市場は敏感に反応します。

　下の段に、前年の同じ時期の数字と、どのぐらい増えたか（減ったか）の増減率も表記されています。

「当期純利益」が極端に大きくなったり小さくなったりしている場合は、それがどんな要因によるかを判断するため、後のページにある損益計算書の営業外損益や特別損益を確認すると良いでしょう。

「当期純利益が増えてEPSが伸びた」という事実だけならポジティブですが、単に不動産を売った利益が上乗せされただけなら、次の期以降の業績成長につながるわけではないので、そこは差し引いて考える必要があります。

株価は企業の将来を予想して動く

　その期の経営成績と同様に、**投資家が注目するのは、１ページ目の一番下にある（企業によっては次のページの場合も）、**

「連結業績予想」 です。

　これは、次の１年間でだいたいどのぐらいの数字を出せそうか、企業があらかじめ試算した予想の数字です。

　企業は、その期の最後の決算発表となる第四四半期（通期）の決算と併せて、次の期の業績予想を発表します。

　通期決算ともなると、第三四半期までの数字でだいたい予想がついていることも多いので、よほど第四四半期の数字にサプライズがない限りは、投資家は新しい期の業績予想に注目し反応します。

　通期決算の数字が予想通りに着地したり、少し届かなかったとしても、**次の期の業績予想でかなりの成長が示されると、投資家の期待で株価が上昇する**ことが多くなります。

　逆に、通期決算の数字がその期の業績予想を少し上回ったとしても、一緒に発表した次の期の業績予想が弱気であれば、投資家はガッカリして株価が下がることもあります。

　なぜなら、株価は過去の実績や現在の状況よりも、「この先どうなるのか」という未来を見て動くモノだからです。

　そのため、年４回の決算発表の中でも、３月決算企業の通期決算と次の期の業績予想が出る**４月下旬〜５月中旬の決算は、特に注目度の高い決算発表**となります。

"決算説明資料"は怖くない

決算短信は最低限、ここで紹介した1ページ目を見てほしいのですが、ほかのページはいかにもわかりにくく、これを読みこんで理解しようという気にはなかなかなりにくいものです。

そんなときには、決算短信と併せて公表される「決算説明資料」をチェックしてみましょう。

決算説明資料は、その名の通り、決算の内容をよりわかりやすく説明し理解してもらうための資料です。

決算短信は記載事項が厳密に定められていて、自由度に乏しいのに対し、説明資料であればよりわかりやすく、あるいは決算短信には載らない詳細な情報が掲載されていることもあります。

また、決算短信はモノクロで文字のみのあっさりした資料であるのに対し、説明資料は多くの場合パワーポイントで作成されたフルカラー資料で、グラフや図解も多用されて、視覚的にも理解しやすくなっています。

特にチェックしたいのは、企業が複数の事業を展開する中で、**どれが一番の稼ぎ頭なのか**という点です。

「成長しそうなビジネスを展開しているな」と興味を持った

企業でも、フタを開ければその事業は全体の数％にすぎず、その時点で全体の業績に対するインパクトが少ない場合もあります。

やはり、主力事業がグングン成長している方が、より大きな業績の伸びが期待できます。

また、最近注目されているサブスクリプション（月額課金のような定額を支払い続けるモデル。以下サブスク）は、定期的に収入が入り続ける仕組みで業績の安定につながる強いビジネスモデルとされていますが、実際の売上高に占めるサブスク収入の割合はどのぐらいか、解約率はどのぐらいか、といった情報もチェックしたいものです。

割合が少なかったり、解約率が高いと将来の業績成長にやや疑問符がつきますが、**解約率がゼロに近かったりするとかなり魅力的な投資対象**になります。

こういう企業であれば、投資条件でクリアできない項目があったとしても、ウォッチしておく価値は十分にあると思います。

説明資料には決算内容の説明だけでなく、現在力を入れている取り組みやトピック、将来に向けた成長戦略などが掲載されていることもあり、情報の宝庫です。慣れないうちはわからない用語もたくさんあるとは思いますが、わかるところだけでも目を通し、少しずつ調べながら読み解いていくと、

その企業に対する理解と投資力は着実にアップしていくはず
です。

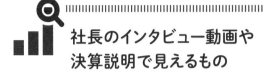

社長のインタビュー動画や
決算説明で見えるもの

中には決算説明資料の内容を説明する「決算説明動画」を
公開している企業もあります。同じ内容でも、資料を見るだ
けと、動画での説明を併せて見るのとでは、わかりやすさは
圧倒的に違うので、ぜひこちらも見てください。

何より、決算説明動画では社長が説明してくれるときもあ
るので、企業トップの顔を見られるというメリットがありま
す。

「社長の顔を見てどうするのか」といわれると、なかなか言
語化が難しいのですが、僕の場合はどれだけの熱意を持って
経営にあたっているか、野心がありそうか、投資家にわかり
やすく説明しようとする姿勢があるか、といったことを結構
重視しています。

気になる企業の社長インタビューを検索することもありま
す。

やはり、人を惹きつける話し方をするとか、ギラギラした
野心がみなぎっていると感じられると、投資候補として魅力

的に感じます。

さらにいえば、**その社長が創業社長かどうか、自社株をどのぐらい持っているかもチェック**します。

やっぱりゼロから会社を立ち上げた創業社長は、事業や会社に対する思い入れが違いますし、株をたくさん持っていれば株価を上げようとするモチベーションは相当高いと考えられるからです。

社長の名前は決算短信の1ページ目に書かれていますし、株探の「大株主」のタブを見れば株式をたくさん持っている人や機関の名前が列記されています。

優良企業かどうかを判別する方法とは

第5章で紹介した基本のスクリーニングで抽出した銘柄で投資を検討する際、できれば以下の点もチェックしておくと安心です。

中には成長株がクリアするのが難しい指標もあり、厳密にふるいにかける必要はありませんが、**投資しようとする銘柄が客観的にどんな強みと弱点を持っているかを把握しておくのは重要**です。

▶▶ 自己資本比率

　自己資本比率はその企業の安全性、要するに**「会社がつぶれる可能性がどれくらいあるか」を確認するために使われる指標**です。

　株探では、「決算」タブをクリックしたページの一番下にある「財務【実績】」の欄で確認できます。

　「自己資本」とは、資本金、資本剰余金、利益剰余金など、要するに「誰かに返す必要がない会社のお金」を指します。

　自己資本比率は、会社の総資本（負債も含まれます）のうち、自己資本がどの程度を占めているかを表しており、**一般的には40％を超えていればそう簡単にはつぶれない、**とされています。

　利益を出せている会社であれば、利益の中で最後に残った当期純利益が毎年利益剰余金として積み上がっていき、自己資本は増えていくことになります。

　逆に、当期純利益がマイナスとなる赤字が続くと、その分自己資本を食いつぶし、減っていくことになります。

　赤字を出し続けるとそのうち自己資本がマイナスになってしまう「債務超過」という状態になり、**2期連続で債務超過になると上場廃止**になります。

　日本企業はこれまで、「内部留保（利益剰余金が積み上がったもの）が多すぎる」と批判の的となってきましたが、コロナ禍でそれが見直されたことがありました。

コロナ禍のように予期せぬ業績悪化や赤字に見舞われると、自己資本比率が高い企業は持ちこたえられても、自己資本比率が低いと耐えられない可能性が高まります。

　ただ、**自己資本比率は高ければ高いほど良い、というわけでもありません。**

　せっかく使えるお金がたくさんあるのに将来の業績成長のための投資をせずに貯めこんでいるという評価にもなり得ますし、**「自社株買い」をすると、自社株は自己資本に含まれないので自己資本比率は下がる**ことになります。

　自社株買いは株式の数を減らして株価を上昇させる施策なので、株主にはうれしいことで、株主還元に積極的な企業として評価されるものです。

　そこで、次に説明する**ROEやROAも併せてチェックする必要があります。**

▶▶ROE（自己資本利益率）

　自己資本を使って、どれだけ効率よく利益を出せているかを表す指標がROE（自己資本利益率） です。

　日本の株式市場の売買の過半を占める外国人投資家が重視する指標でもあり、近年注目度が増している指標です。

　当期純利益を自己資本で割って求める指標で、この数値が高いほど効率的な経営ができていることになります。

ROE（自己資本利益率）[%] ＝ 当期純利益 ÷ 自己資本 ×100

　たとえば、年間10万円の利益を出しているＡさんとＢさんという個人投資家がいるとして、Ａさんは元手の資金が50万円、Ｂさんは100万円だとすると、少ない種銭で同じ利益を出しているＡさんの方がROEが高く優秀な投資家である、ということになります。

　一般的には10％以上とか8％以上といった目安がありますが、**業種によって水準が違うので、異業種で単純な比較はできない**ことも覚えておく必要があるでしょう。

　たとえば、比較的身軽なネット関連企業に比べると、機械や工場など大規模な設備投資が必要な製造業の数値が低く出てしまうのは仕方のないことです。また、水準は低くても、**年々ROEが上昇しているのは良いサイン**です。

　ただ、ROEは自己資本が少ないほど高く出るので、**自己資本比率が低い企業ほどROEが高くなる**こともあります。

　また、銀行からの借り入れなど有利子負債が多い企業も自己資本比率が低くなり、ROEが高くなる傾向があります。

　このため、ROEが高いからOK、と安易な判断をするのではなく、**自己資本比率が極端に低くなっていないか、あるいは次に説明するROAなどと併せて確認する必要があります。**

▶▶ROA（総資産利益率）

ROEが自己資本に対する収益性を見るのに対し、**借入金などの他人資本を含めた総資産をどれだけ効率よく使って利益を出したかを見る指標がROA**です。

ROA（総資産利益率）[%] ＝ 当期純利益 ÷ 総資産 ×100

自己資本に限定せず、あらゆる経営資源を使って効率よく稼いでいるかを示すので、ROEよりも広い視野で稼ぐ力を評価できます。**ROEとROAが両方高いのが理想的な経営**です。

一般的には5％以上あると良いともいわれますが、こちらも業種によって異なります。

自己資本比率とROE、ROAはセットで確認することで、企業の姿が見えてきます。

ROEが高くても、ROAが低い企業は借金ばかりかさんで、経営自体はあまりうまくないということになります。

一方、自己資本比率が高くてROAも大きいと、財務が安全で経営もうまいということになります。

株探では「決算」タブ→通期→「収益性」タブから、3期分のROEとROAを無料で確認できます。

▶▶営業利益率

たくさん売上があっても、仕入れや経費、人件費などにお

金を使い果たして儲けがほとんど残らないのでは意味があり
ません。

　売上高に対する営業利益の割合を示す営業利益率を見るこ
とで、その企業の事業がどの程度"おいしい"ビジネスなの
かがわかります。営業利益率は以下の式から求められます。

営業利益率[%] = 営業利益 ÷ 売上高 × 100

　基本的には、競争力やブランド力があって自社製品やサー
ビスに高い値段を付けられる企業ほど営業利益率は高くなる
ので、投資対象としては魅力的です。

　たとえば、前述した2020年を代表する成長株のひとつ、
ベイカレント・コンサルティングは、21年2月期は36.8%
の営業利益率を見込んでいます。

　コンサルティング業は仕入れなどが発生しないのでもとも
と利益率が高いビジネスではありますが、それでも魅力的な
数字です。

　本業での利益率が高ければ、最後に残る当期純利益も多く
なり、EPSも増えることが期待できます。

　一方、トヨタ自動車は5%（21年3月期予想）です。製造
業の場合は材料の仕入れが発生するため、このぐらいの水準
は一般的で、決して低い方ではありません。

このため、単純にこの2社を比較してトヨタは稼ぐ力が弱いと結論づけることはできないのですが、「どうせ投資するなら、製造業よりも手残りが多いビジネスの中から選びたい」という結論はアリなのかもしれません。

▶▶DEレシオ（有利子負債倍率）

有利子負債倍率は、利息をつけて返済しなければならない負債と、自己資本のバランスを見る指標です。

有利子負債を自己資本で割って求めるので、有利子負債の額と自己資本が同じなら1倍になり、数値が小さいほど安全ということになります。

僕の場合、1倍を超える企業にはあまり積極的には投資をしないようにしています。

有利子負債倍率 ＝ 有利子負債額 ÷ 自己資本

有利子負債倍率が高いのは、借金をしてでも新規事業の展開や設備投資をして利益の拡大を見越した動きととれます。レバレッジをかけて積極的な経営を行っているということにもなるので、必ずしも悪いことではないのですが、自己資本比率と同じで安全性という面では不安が残ります。

ちなみに借金が多いといわれるソフトバンクグループの有利子負債倍率は約2.1倍です。

株探では、「決算」タブをクリックしたページの一番下に

図34　主要用語、これだけは頭に入れておこう！

自己資本比率

自己資本比率は「会社がつぶれる可能性がどれくらいあるか」を確認するために使われる指標。一般的には40％を超えていればそう簡単にはつぶれないといわれる。

ROE（自己資本利益率）

自己資本を使って、どれだけ効率よく利益を出せているかを表す指標。当期純利益を自己資本で割って求める指標で、この数値が高いほど効率的な経営ができているといえる。

ROA（総資産利益率）

借入金などの他人資本を含めた総資産をどれだけ効率よく使って利益を出したかを見る指標。ROEよりも広い視野で稼ぐ力を評価でき、ROEとROAが両方高いのが理想的な経営。

営業利益率

売上高に対する営業利益の割合を示すのが営業利益率。基本的には、競争力やブランド力があって自社製品やサービスに高い値段を付けられる企業ほど営業利益率は高くなる。

DEレシオ（有利子負債倍率）

利息をつけて返済しなければならない負債と、自己資本のバランスを見る指標。数値が小さいほど安全で、1倍を超える企業にはあまり積極的には投資をしないのがベター。

ある「財務【実績】」の欄で確認できます。

▶▶売上高が過去最高をマーク

これは指標ではありませんが、単純に成長性を見るうえで
かなり良い条件です。顧客の支持を得て売上を伸ばしている
のは良いサインで、成長力が期待できます。

株探では、過去最高の数値はピンクで塗られているので一
目でわかります。

ただし、これもあくまで条件のひとつに過ぎません。たと
えば、上場して間もない企業であれば、業績のあらゆる数値
が過去最高を更新するのは当然なので、それだけでは評価で
きません。

▶▶上場来高値、あるいは直近10年間の
　高値付近

第4章で株価が上がっている銘柄ほど、売りが出にくく上
がりやすくなる仕組みを解説しましたが、上場来高値はその
最たるパターンとなります。

その株を持っている人で損をしている人は誰もいないの
で、するすると株価が上がっていきやすい状態になっていま
す。

直近10年間での最高値に来ている銘柄も同様で、10年も
損失を抱えたまま塩漬けしている投資家はいてもわずかで

しょうから、**株価が上がりやすいステージに到達したと考えられます。**

　上場来高値をとってきた銘柄と同じような値動きが期待できます。

株価上昇が濃厚な"カップウィズハンドル"

　ここまでは業績に関する指標を紹介してきましたが、チャートパターン（チャートの形）でも、有望株を発見することができます。

　上昇のシグナルとなるチャートパターンの中でも、僕が特に信頼性が高いと考えているのが、オニールの著書でも紹介されている**「カップウィズハンドル」**です。

　その名の通り、取っ手のついたティーカップのような形をしたチャートパターンで、**この形が出てきたら強い上昇が期待できます。**

　カップウィズハンドルは、週足チャートで見ます。まず、少なくとも**30%程度の大きな上昇があった後で、12〜33%程度下落することでチャートがお椀やカップのような形を作り始めます。**

　株価が下落し始めた時期の価格近辺まで回復して完全なカップの形を形成するまでには3〜6ヵ月程度かかり、その

図35　カップウィズハンドル週足チャート

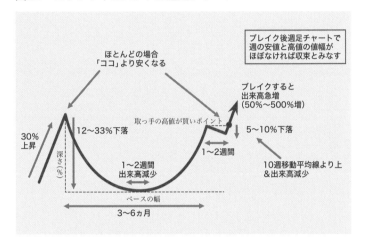

お椀の底のあたりでは出来高が減少します。

　オニールの著書によると、これは次なる上昇のために必要な調整で、**力のない株主をふるい落とし、投機家の関心を逸らす役割を果たす**のだそう。

　株価がカップの左端と近い水準に回復した後に、再度５〜10％程度下落し、取っ手部分を形成します。この取っ手は10週移動平均線（トレーディングビューでは週足チャートで期間を10に設定することで表示できます）より上に現れます。

　取っ手部分の下落期間は１〜２週間で、ココの安値のあたりで出来高が減ります。

　そしてその後**上昇に転じ、取っ手部分の高値を超えてきたところ（ブレイクポイント）が、買いポイント**になります。ここ

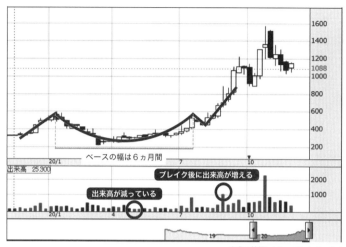

図36 "カップウィズハンドル"を形成した
　　　 SERIOホールディングス(6567)の週足チャート

ベースの幅は6ヵ月間

出来高 25 300

出来高が減っている

ブレイク後に出来高が増える

出典：株探　https://kabutan.jp/

をブレイクすると出来高が急に増えてくるのも特徴です。

　そのあとの上昇幅は一定ではありませんが、週足チャート
のローソク足が十字に近くなった水準、要するに値動きが乏
しくなってヨコヨコの動き（横ばい）になったら売り、とい
うことになります。

　条件が非常に多くレアなチャートパターンですが、必ずし
もすべての条件に合致しなくても、多少例外は認めていいよ
うです。

　僕もかつて、この形を形成した銘柄でうまく利益を出せた
経験があります。

それが、女性の就業支援や保育事業を手がけるSERIOホールディングス（6567）です。

　2020年初に向けて上昇した後、下落に転じ、半年間かけてお椀のような形を形成しています。

　7月から8月にかけて取っ手を形成し、その後出来高を増やして力強い上昇を見せました。ちなみに出来高を見るには、株探の場合、出来高にチェックを入れると、棒グラフで表示されます。

　高い棒になっているところは出来高が多く、低いところは少ないことを示しています。

カップウィズハンドルをどう見抜く?

　カップウィズハンドルは上昇期待の高いチャートパターンではありますが、さすがに毎日3700以上ある上場銘柄のチャートをポチポチと探すわけにもいきません。そこで僕が **SERIOホールディングスのカップウィズハンドルを発見したとっておきの方法を、紹介します。**

　使うのは、Yahoo!の投資情報サイト「Yahoo!ファイナンス」です。

　トップページの「株式」タブをクリックして、少し下にス

クロールすると、「高安一覧」という項目があります。ここの「年初来高」の欄の「もっと見る」をクリックすると、その日に年初来高値を更新してきた銘柄のリストを見ることができます。

このリストの「前営業日までの年初来高値」の項目では、その日に高値を取る前の高値が日付とともに表示されています。**この日付が3〜6ヵ月前の銘柄を探す**のです。

3〜6ヵ月前に年初来高値をつけて、再度それを更新してきた銘柄は、3〜6ヵ月をベースとしたカップの形を形成している可能性が高くなるからです。

そこで実際にチャートを確認して、良い形をしていたら、売上とEPSの推移をざっとチェックし、順調に伸びていれば監視銘柄に入れておきます。

売上とEPSが伸びていない企業は除外です。それからは時々チャートをチェックして、取っ手を形成するかどうか見守ります。

ちなみに、オニールの著書によれば、成功率は下がりますがカップの形さえできていれば、必ずしも取っ手がなくても株価が上昇するケースはわりとあるそうです。

業績の良い魅力的な銘柄なら取っ手の形成を待たずに投資してしまってもいいかもしれません。

優良企業かを真に判別する指標「PSR」

株価が割高か割安かを表す指標として最もメジャーなのは61ページでも紹介したPER（株価収益率）ですが、外部環境の変化とともに使われる判断基準も変化しています。

ここ数年は、クラウドやAI、IoTなどテック系の企業への投資が人気で、こうした企業では利益よりも売上を伸ばすことを重視する傾向があります。

このため、株価がグングン成長しているにもかかわらず、PERが数千倍などとても投資できない割高な数値を示したり、そもそも赤字でPERが計算できないこともあります。

▶▶PSR（株価売上高倍率）

そこで、**成長株投資でよく使われるようになった指標がPSR（株価売上高倍率）**です。特にコロナ禍で株価が急騰したZoomなどの米国株を評価する際によく使われました。

PSR（株価売上高倍率）は、企業の価値である時価総額を年間売上高で割って求めます。

PERは赤字企業では計算できないのに対し、PSRは利益が出せていない企業でも参考にできるという特徴があります。

PSR ＝ 時価総額 ÷ 売上高

> **PSR（株価売上高倍率）**
>
> 成長株投資でよく使われるようになった指標。20倍程度が平均的で、30倍を超えると割高と捉えがちだが、一時的に株価が高くなりすぎていないかをチェックするために活用しよう。

　一般的にはPSRは20倍程度が平均的で、30倍を超えると割高なイメージがあります。

　ただし、PSRは「低いから割安」とか「20倍を超えているから買わない」いう単純な判断ではなく、**一時的に高くなりすぎていないかチェックするために使う方法が良い**でしょう。

　たとえば、ウォッチしている銘柄のPSRが20倍前後で推移していたのに、短期間で急に30倍まで高騰するといった場合、**株価は短期的に過熱している可能性があるので投資候補からはいったんはずして様子見する**といった戦略が考えられます。

　ただ、**本当に人気が爆発したときは日本株も米国株もPSRが100倍近くまで上昇する**ことはあります。成長株の株価は、需要と供給に応じてどこまでも上がる可能性を秘めているからです。

　2020年8〜10月はマザーズ市場が2年8ヵ月ぶりの高値を取る大相場となりましたが、こうした相場では個別の人気企業のPSRも一斉に上昇しました。

　しかし、何かをきっかけに相場が下落トレンドに転換すると、まっ先に売られるのはこうした高PSR銘柄です。

中小型の成長株投資ではうまく流れに乗ればハイリターンを得ることができますが、下落のリスクも大きいのでこうした知識をどれだけ持っているかが生き残るうえで非常に重要になります。

図37はECプラットフォームのある企業の日足チャートです。チャート下の青い折れ線グラフはPSRの推移を示しています（トレーディングビューでは、有料版のみのサービス）。

同社はコロナ禍で株価を3倍以上に伸ばした銘柄ですが、PSRが30倍前後まで落ちてから数日で45倍に急騰し、そこから下落に転じました。

この高値から2ヵ月程度で株価は半値まで下落しており、

図37　チャートとPSRの推移

成長株投資でよく使われるようになった指標。20倍程度が平均的で、30倍を超えると割高と捉えがちだが、一時的に株価が高くなりすぎていないかをチェックするために活用しよう。
出典：トレーディングビュー　https://jp.tradingview.com/

PSRの急騰はリスクが高いことがわかります。

　また、次に上昇トレンドに回復した際の天井の目安がPSR45倍と考えることもできます。

　第５章で紹介した売上高やEPSの成長率、移動平均線乖離率など複数の項目をチェックするのは、損失を被るリスクをできるだけ減らすためです。

　少しずつ確認する判断材料を増やしていったり、経験を積んでいくことで、「そろそろ危ないな」という避けるべき危険シグナルもわかるようになってきます。

　損切りしなければならない場合でも、その必要性を理解し納得して実行できるようになります。

第8章

博打要素が面白い「決算発表」の攻略

決算発表前後の"謎"の値動きを究明する

　僕のYouTubeのコメント欄やライブ配信中のチャットなどで、頻繁に話題に上ったり質問を受けるのが、決算発表前後の値動きです。

　決算は企業活動の成績表なので、良い内容なら株価が上がって、悪い内容なら株価が下がる、というのが自然な反応です。

　しかし、実際はこうした単純な動きにはならないことも多くあるのです。

「良い決算なのにどうしてこんなに下がるんですか（涙目）」

「こんなヤバい決算出してきたのに、たいして下がらないのはおかしいのでは？」

「決算発表は明日なのに、なんで今日こんなに上がってるの？」

といった、決算前後の謎に満ちた値動きが、個人投資家を翻弄しているのです。

　この章では、こうした決算発表前後の値動きの背景と、その対応について解説していきます。

良い決算なのに下落する理由①
好材料出尽くし

好業績が続いている銘柄が、期待通りに良い決算を出してきたというのに、なぜか株価が下がることがあります。

しかも場合によっては単なる下落で済まず、大幅に下げることもあります。そこでビギナー投資家は、「2ケタ増収が続いているのになんで!?」と、わけがわからなくなってしまいます。

株式市場は業績の良い銘柄に対しては、将来の業績成長を「織り込んで」上昇しています。

要するに、今現在の成長だけでなく、「将来はもっと売上や利益が伸びるだろう」と勝手に期待して、現在の価値よりも株価を高く上げているわけです。

しかし、どんなに良い銘柄でも永遠に保有するわけではないので、いつかは売って利益を確定することになります。

そこへ、だいたい期待していた通りの決算が出てくれば、「これ以上の良い材料は当面出なそうだし、いったんここで利益確定しとくか」ということになり、売りに動くことになります。これが、いわゆる **「好材料出尽くし」といわれるもので、調整に転じるきっかけになる** こともあります。

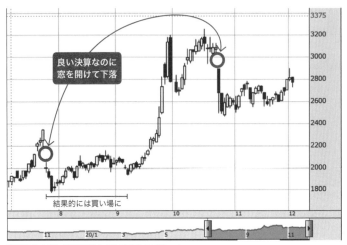

図38　エイトレッド（3969）の日足チャート

良い決算なのに
窓を開けて下落

結果的には買い場に

期待通りの良い決算が出たのに売られるパターン。

出典：株探　https://kabutan.jp/

　上の図はワークフローソフトのエイトレッド（3969）の日足チャートです。

　2020年7月22日の株式市場が閉じてから発表した第一四半期（4−6月期）の決算では、前年同期比で売上高が12.2％増、当期純利益も35.9％と、コロナ禍による緊急事態宣言下にあった時期の決算としては上出来な数字だったのですが、翌営業日以降の株価は窓を開けて下落しました。

　ローソク足が前日の株価から大きく離れて上昇したり下落すると、空間ができるので、「窓を開ける」といいます。

　ただ、「好材料出尽くし」の利益確定と見られる下落は、結果としては買い場となることも多い印象があります。

成長ストーリーが続いている限りは、また買われる局面が出てくるからです。この銘柄の場合も９月以降にまた買われて大きく上昇しています。

　そして、10月22日に第二四半期の決算を発表しました。そのときも２ケタの増収増益を達成しているうえ、事前に公表していた中間期の業績予想をやや上回っての着地でした。にもかかわらず、株価はまた、窓を開けて下落しています。

　期待通りではあるものの、株価がここまで上昇していたことを考えると、市場はそれ以上の上乗せや、通期での会社予想を上乗せする「上方修正」を期待していたのかもしれません。

　それでも、この銘柄が順調に業績を伸ばしていることには変わりがなく、成長ストーリーが続く限りは投資を続けてかまわないと考えます。

　ただ、この銘柄の場合、**２回連続で良い決算で売られているので、決算発表の前に利益確定しておいた方が良い**と考えることもできます。

　また、決算の内容を問わず、下落幅が大きい場合は、そこで損失を抱えてしまった投資家が多くいると考えられます。こうした銘柄の場合、少し株価が回復すると「やれやれ売り」がたくさん出てくるため、短期的には上昇する力が弱まります。

こうした銘柄に固執するよりも、上値が軽そうな銘柄に乗り換えた方が、良い結果を出しやすいかもしれません。

良い決算なのに下落する理由②
成長の鈍化&尻すぼみ予想

　一見、良い決算に見えても、「ガッカリポイント」が隠れている場合もあります。下の図は、ネット広告配信プラットフォームを手がけるログリー（6579）のチャートです。
　ログリーは2020年8月の第一四半期決算発表と併せて、

図39　ログリー（6579）の日足チャート

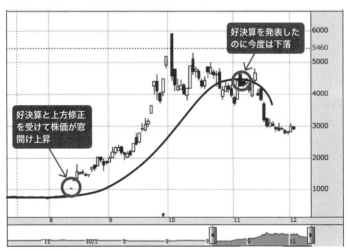

8月に発表した好決算を受けて株価は窓を開けて上昇。11月にも良い決算を発表したが、なぜかこのときは下落した。

出典：株探　https://kabutan.jp/

図40 ログリー(6579)第二四半期の決算(2020年11月)

	決算期	売上高	営業益	経常益	最終益	修正1株益	売上営業損益率	発表日
				△18年1-3月期～18年7-9月期を表示				
単	18.10-12	642	61	60	43	12.2	9.5	19/02/13
単	19.01-03	568	9	9	1	0.3	1.6	19/05/10
単	19.04-06	624	6	6	3	1.1	1.0	19/08/14
単	19.07-09	629	18	17	11	3.2	2.9	19/11/12
連	19.10-12	691	39	38	26	7.1	5.6	20/02/12
連	20.01-03	764	0	-2	0	0.0	―	20/05/12
連	20.04-06	1,184	106	101	68	18.9	9.0	20/08/12
連	20.07-09	1,071	56	56	34	9.4	5.2	20/11/12
	前年同期比	+70.3	3.1倍	3.3倍	3.1倍	2.9倍		(%)

前年同期比を見ると素晴らしい決算なのだが……。

出典：株探　https://kabutan.jp/

5月に公表していた通期業績予想を大幅に上方修正してきました。

　もともとの計画で売上が32億円だったところを38〜40億円のレンジ予想に、営業利益は5800万円だった予想を1.49〜2億円に引き上げました。

　強気の上方修正を受けて、株価は急上昇しています。そして、11月に第二四半期（中間期）の決算を発表しました。売上は前年同期比で70％増、営業利益は3.1倍と素晴らしい内容の決算でした。

　しかし、この発表を受けて、横ばいを続けていた株価は下落に転じました。こんなにすごい伸び率なのに、なぜでしょうか？

　考えられる理由は2点です。ひとつは、**とんでもない伸びを見せた第一四半期に比べると、成長が鈍化している**こと。

　そしてもうひとつは、通期の業績予想から中間期の数字を

差し引くと、**下期（第三四半期と第四四半期）の業績は尻すぼみになる**からです。

　通期の売上高の業績予想はレンジ上限でも40億円です。第一四半期と第二四半期の数字を合わせると22.6億円なので、このままだと第三四半期と第四四半期の売上は16億円程度になります。

　よほど季節偏重がある企業なら別ですが、基本的に成長株の業績は右肩上がりでなくてはなりません。それなのに、**上期に比べて下期が5億円以上も減る予想では「減っとるやんけ！」となり、叩き売られた**わけです。

　株式市場は、常に一歩先を見て動いています。すでに終わったテストの成績がどんなに良くても、次のテストの点が下がりそうな銘柄に対しては、容赦なく売ってきます。

　終わった成績よりも、将来の予想の方がずっと重要なのです。

　もし、この会社が第二四半期の決算発表と併せて、通期業績予想を再度上乗せする上方修正を出していれば、こんなに売られることはなく、むしろ上昇していたでしょう。

　これは逆もしかりで、**決算そのものは悪くても、新しい期の業績予想が強気であれば、株価は上昇**します。

株式市場はサプライズが大好き

　株価は、将来の姿を織り込んで上がったり下がったりします。企業が出す業績予想には当然反応しますが、「どう考えてもこの予想数字よりも上振れるだろう」と考えられる材料が揃っていれば、株価はその期待を織り込んでどんどん上昇します。

　逆もアリで、それなりの業績予想が出ていても、将来の業績を「どう考えても届かないだろう」と考えられるネガティブな材料があったり、市場が縮小していくことが明らかであれば、こうした悪材料を織り込んで株価は下がりやすくなります。

　市場参加者はこうして常に先を予測して動いているわけですが、当然ながらまったく予測できないことは織り込めません。だからこそ、誰も予測しなかったサプライズに対しては、株価は大きく反応します。

　図41はサプリメントや化粧品通販を手がけるバイオベンチャーのファーマフーズ（2929）の売上高の推移です。

　サプリメントや育毛剤の売上が絶好調で、売上を伸ばしている典型的な成長株です。バイオベンチャーといっても、すでにヒット商品を持ち黒字化もできているので、安心して投

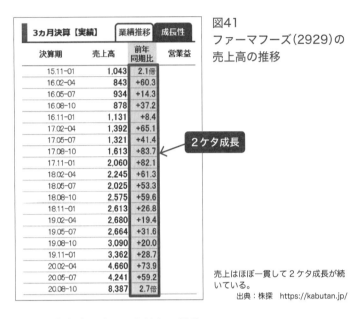

図41
ファーマフーズ（2929）の
売上高の推移

3ヵ月決算【実績】 業績推移 成長性			
決算期	売上高	前年同期比	営業益
15.11-01	1,043	2.1倍	
16.02-04	843	+60.3	
16.05-07	934	+14.3	
16.08-10	878	+37.2	
16.11-01	1,131	+8.4	
17.02-04	1,392	+65.1	
17.05-07	1,321	+41.4	
17.08-10	1,613	+83.7	
17.11-01	2,060	+82.1	
18.02-04	2,245	+61.3	
18.05-07	2,025	+53.3	
18.08-10	2,575	+59.6	
18.11-01	2,613	+26.8	
19.02-04	2,680	+19.4	
19.05-07	2,664	+31.6	
19.08-10	3,090	+20.0	
19.11-01	3,362	+28.7	
20.02-04	4,660	+73.9	
20.05-07	4,241	+59.2	
20.08-10	8,387	2.7倍	

2ケタ成長

売上はほぼ一貫して2ケタ成長が続いている。
出典：株探　https://kabutan.jp/

図42　急角度に変わった株価の推移

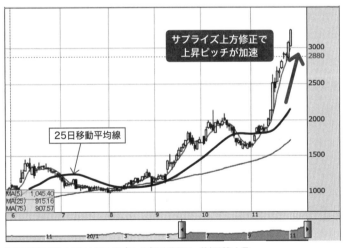

サプライズ上方修正で
上昇ピッチが加速

25日移動平均線

市場の期待をはるかに上回るサプライズ上方修正で、株価が急上昇。
出典：株探　https://kabutan.jp/

資ができます。

なにしろピカピカの成長株ですから、株価は上下の変動はありながらも右肩上がりを続けていました。

そこへ、大きなサプライズが登場したことで、比較的ゆるやかだった上昇ピッチが加速し、急角度に変わりました。

上昇を加速させたサプライズというのは、業績の上方修正です。もともと会社側が期初に公表していた業績予想でも、売上高が52％増、営業利益は57.7％増と非常に大きな伸びを見込んでいました。

すでに誰も文句のつけようのない成長率を予想していたにもかかわらず、さらにそれを上乗せしてきたのです。しかも、**修正後の数字は、売上も利益も前期の３倍近くを見込む非常に大きな上振れ**でした。

通常、通期業績の上方修正は、四半期業績のどこかの決算発表と同時に行うことが多いのですが、**新しい期が始まった**

図43　売上＆営業利益は３倍近く上がった

通期	業績推移	修正履歴	New! 成長性	New! 収益性			1Q	2Q	3Q	4Q

	決算期	売上高	営業益	経常益	最終益	修正1株益	1株配	発表日
		△2001年7月期～2016年7月期を表示						
連	2017.07	4,722	89	143	101	3.5	0	17/09/12
連	2018.07	7,943	296	359	313	10.8	0	18/09/12
連	2019.07	10,532	576	636	499	17.2	0	19/09/06
連	2020.07	15,353	740	788	690	23.8	8.5	20/09/07
連 予	2021.07	40,014	2,088	2,148	1,404	48.3	10	20/11/16
	前期比	2.6倍	2.8倍	2.7倍	2.0倍	2.0倍		(%)
		▽2001年7月期～2016年7月期を表示						

■■は過去最高　※最新予想と前期実績との比較。予想欄「ー」は会社側が未発表。

売上は2.6倍、営業利益は2.8倍という、市場の期待をはるかに上回る業績予想の上方修正を発表。

出典：株探　https://kabutan.jp/

ばかりで第一四半期の決算発表までまだ20日間ほど残している時期に、ここまで大きな上方修正を発表するのはあまりないことです。

　内容的だけでなく、タイミング的にも非常に大きなサプライズとなったわけです。

　当然ながら、株価は25日移動平均線から大きく乖離して急上昇しています。

　これはポジティブサプライズの例ですが、**当然ながらネガティブサプライズにも株式市場は容赦なく反応します。**

　もともと不人気な銘柄であれば、赤字決算を出しても下方修正を出しても「やっぱりね」となるのでたいした反応はありません。

　しかし、注目度の高い好業績の成長銘柄が、突然業績予想を大きく下振れさせる下方修正を発表したりすると市場の落胆は大きく、「ウッソ！　だまされた！　こんな株いらねえ！」と投げ売りになることがあります。

　それがたとえプラス成長であっても、投資家の期待との乖離が大きければ、**売りたい人の売り注文が殺到しすぎて取引が成立せず、売りたくても売れないまま株価がどんどん下がっていく、**というような事態も十分あり得るわけです。

決算発表で急上昇したらどうする?

　第5章では、投資したい銘柄の決算発表が数日以内に迫っている場合は、念のため様子見した方が良いとアドバイスしました。

　決算発表の後は、その決算が良い内容で株価が急騰するケースもありますが、万一"ガッカリ決算"が出ると叩き売られてしまうことがあるからです。

　では、買いたい銘柄の決算発表を待っていた場合、良い決算内容を受けて株価が急上昇したとします。発表前に比べると、欲しかった銘柄の株価が遠くに行ってしまったときに、その銘柄を狙っていた投資家は、どう行動するべきでしょうか。

　念のため、ここまで解説してきた通り、**新しい決算でも売上高の伸びが２ケタが続いていて、EPSも順調に伸びているかを株探でチェック**します。

　この条件が崩れていなければ、株価の過熱感を見ます。サプライズ的に良い決算だと、株価が大きく跳ね上がって、ボリンジャーバンドの３σを超えてきたり、25日移動平均線との乖離率が上がってきたりすることがあります。

　こういうときは、無理に追いかけるより、こうした過熱感

が冷めるまで様子見してもいいでしょう。

　これが米国株だと、ひとたび良い決算を出すとそのまま上がり続けて二度と戻ってこないことが多いので、ジャンピングキャッチ一択です。

　しかし、日本株は良い銘柄であっても、そこまでのパワーがないように感じます。こうしたケースでも、**いったんは調整して下げてくることが多いので、無理に追いかけず調整のタイミングを待ちましょう。**

　図44は本書でも何度か登場しているベイカレント・コンサルティングのチャートです。

図44　ベイカレント・コンサルティング（6532）の日足チャート

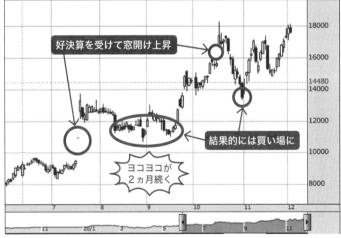

好決算で株価が窓を開けて急騰しても、調整してくるタイミングはあるので焦って飛び乗らなくて OK。

出典：株探　https://kabutan.jp/

2020年7月に発表した第一四半期決算の内容が素晴らしく、株価は大きな窓を開けて上昇しました。

　しかし、すぐに下落に転じ2ヵ月ぐらい株価はヨコヨコの状態で調整しており、決算前ほどではなくても比較的安く買えるチャンスになっています。

　業績の良い銘柄はいずれまた上昇してくるので、好決算でジャンピングキャッチしてもいずれ報われることが多いのですが、この銘柄の場合決算直後の高値とその後の調整局面では最小単位の100株に比べ20万円以上の差があるので、安く買えるに越したことはありません。

“ガッカリ決算”なら見送りを！

　逆に、投資したい銘柄の決算を待っていたら、その内容が期待していたほどではなかったり、悪化していた場合はどうでしょうか。

　たとえば、これまで売上高が20％前後の伸びが続いていたのに、その伸びが5％ぐらいまで鈍化していたり、横ばいや減少に転じているようなケースです。

　この場合、**そもそも僕の投資対象の条件から外れてしまうので、有無をいわさず見送り**です。

「せっかくいろいろ調べて、投資タイミングを待っていたの

に……」とガッカリする必要はありません。

「慌てて買わずに決算を待ってよかった、自分グッジョブ」と、褒めてあげる局面です。良い銘柄はほかにもたくさんあるので、気持ちを切り替えましょう。

　ただ、もしかすると、もともと描いていた成長ストーリーには影響しない、一時的な要因が働いていて、**次の決算からは普通に復活することが見込まれる場合もあります。**これはある程度、企業が出す決算短信などの資料を読みこまないことには判断ができません。

　企業分析については第7章で詳述していますが、よくわからないうちは見送りが賢明です。

持ち株の決算発表前は「売る」が無難

　保有している株の決算発表が近づいてきたら、どうするのがよいでしょうか？　1年以上かけてじっくり成長を待ちたい長期投資派の人であれば、決算の内容を確認するまでは何もする必要はないでしょう。ただ、僕のような短期投資派の場合は、そうもいきません。

　第7章で説明した程度の企業分析はできていて、**成長を信じられるのであればそのまま持っていてかまわないと思います**

が、不安があるなら決算発表の前に持ち株を手放すのが無難です。

　良い決算が出て株価が急上昇したら悔しい思いをするでしょうが、暴落して再起不能なほどの損失を出す可能性もあるわけで、そのリスクを回避することの方が重要だからです。

「悪かったらそのときに売ればいい」と思うかもしれませんが、**現実には悪い決算が出ると売り注文が殺到して取引が成立せず、売りたくても売れないまま株価だけが下がっていく**こともあり得ます。

　特に株価が高い成長株の場合は、良くない決算で売られると**1日で10万円や20万円も下がることは日常茶飯事**なので、リスクは非常に高くなります。

　特に、**決算発表に向けて株価が上昇している銘柄は要注意**です。良い決算が出ると期待している人の買いが膨らんでいる状態で、こうした高い期待をはるかに上回る決算を出さない限りさらなる上昇が難しいからです。**少し期待ハズレだっただけで、この世の終わりのように叩き売られる**こともあります。

　こうした場合は決算前でも十分な利益が出ていることが多いので、手放しておくのが安全ではあります。良い決算であればまた上がるので、いくらでもチャンスはやってきます。

ただ、僕自身は、決算の前には必ず売ると決めているわけではありません。「この銘柄は良い決算を出す可能性が高い」と信じられる銘柄の場合、大損失のリスクを覚悟で決算前でも売らずに持ち越す（「決算またぎ」といわれます）こともよくあります。

　何度か決算またぎをした結果、期待を上回る素晴らしい決算で大儲けしたこともありますが、逆に残念な内容でストップ安となり大損した経験もあります。決算前の値動きによる法則性がないか、目下研究中です。

　中には、決算発表の当日や前日に怪しい値動きをする銘柄もあります。通常、決算はその日の取引を終えた15時過ぎに発表されることが多いのですが、前日や当日の朝からジリジリと株価を上げる銘柄があるのです。

　こういうのを見ると、「きっとすごい好決算の情報がどこからか漏れていて、買い集めている人がいるに違いない」などと邪推することもあります。

　本来、決算の中身というのはトップシークレットですが、生身の人間が関わっていれば何があるかわかりませんからね。

　でも、実際にそんな値動きをしている銘柄をワクワクしながら買ってみたら、出てきたのがヤバい決算で大損させられたことがあります。

　逆に、決算前にジリジリ株価が下がって、「これは悪い決

算の情報が漏れているのでは？」と感じた銘柄がサプライズ好決算を出すこともあるので、**決算前の怪しい値動きは全然あてになりません。**

こうした決算前後の予測できない値動きに翻弄されるのが嫌な人は、**決算と決算の間の3ヵ月の間に投資を完結させる**のがいいでしょう。

慣れないうちは、決算発表シーズンに持ち株がどうなるかドキドキするよりも、気になっている監視銘柄がどんな決算を出してくるかを確認し、それに株価がどう反応するかを観察する方が勉強になります。

僕は決算発表シーズンになるとたくさんの注目企業の決算をチェックしていますが、株価が動く理由が少しずつわかってきて、学びが多いと感じます。

決算発表の時期は、僕のYouTubeチャンネルでも注目銘柄の決算内容を分析しているので、ぜひ観に来てください。

同業他社の決算は見逃せない

個別の企業の強みや企業努力が業績に大きな影響を与えることはもちろんですが、社会や市場の状況といった外部環境も大きく影響します。

こうした**外部環境の影響は、同業他社すべてに共通する**ので、投資している企業や気になる企業のライバル社の決算が先に発表される場合は、ここに注目することである程度予測ができることもあります。

　たとえば、コロナ禍の巣ごもり需要でどこかの食品スーパーやホームセンター銘柄が驚きの好決算を出してくると、「これはほかのスーパーやホームセンターも良い決算を出してくるのではないか」という思惑が働いて、**同業他社の株が買われて上昇する**ということもありました。

　こうした場合、単純に同業他社への投資を検討するのもいいのですが、これで持ち株を決算前に手放すかどうかを判断したり、どの業界に追い風が吹いているかを確認する方が重要です。

　また、第5章では、株探の「決算速報」に目を通して好決算企業を探す方法を紹介しましたが、このコンテンツは業界ごとの波を知るのにも役立ちます。

　業績を大きく伸ばしている企業があれば、この業界は元気そうだとか、大幅な減益を出した企業があればその業界は逆風が吹いているのかもしれないと考えることで、**株式市場の"旬"が何なのかを把握したり、新しい投資アイデアのヒントを得ることができます。**

　単純に旬のテーマに乗っている株に投資するというのはNGですが、旬のテーマに乗っている株の中から成長株を探

すという姿勢は重要です。

心動く"材料"が出ても飛び乗るな

決算であれば日時が決まっているのである程度備えられますが、厄介なのが突然出てくるニュースリリースや報道です。

画期的な技術を開発したとか、大企業と提携したとか、どこかの会社を買収したなどといったニュースが出ると、**突然株価が急騰したり急落したり**といったことがあります。

かつての僕であれば、こうした材料で急騰している株に飛び乗っていたわけですが、**何もわからずに飛び乗るのはもちろんNG**です。

こうした材料が業績に与える影響はまちまちで、すでに走っている期の業績から大きな追い風が期待できるものもあれば、業績にプラスの影響を与えるのは何年も先とか、そもそもインパクトが小さすぎて何の影響もない場合もあるからです。

株価も、そのままどんどん上がっていくこともあれば、瞬間的な急騰で終わってしまうこともあります。

そもそも、初心者のうちは公式発表の内容を見ても、よく

わからなかったり、だからどうなんだという感じで、評価できないことがほとんどだと思います。そういうときは報道機関のニュースを見たり、ツイッターで検索してみましょう。

　ニュースでは客観的な評価を見られますし、ツイッターでは肯定的な意見もあれば否定的な意見もあるので、いろいろな見方を知ることができます。

　ただしくれぐれも、**個別の投稿を鵜呑みにして飛びついたりせず、材料の中身を見極めたり、株式市場の反応を観察することにとどめましょう。**

　売上や利益の数字の意味がようやく少しわかってきたところに、決算発表で意味不明な値動きを見せられると、「株は難しすぎる！」と投げ出してしまいたくなるかもしれません。

　でも、株式市場は常に過去や現在より未来を見ていること、そしてサプライズに大きく反応することを覚えておくと、「なんで下がるの？」「なんで上がるの？」という疑問のヒントが見えてくるかもしれません。

 おわりに

　数ある本の中から僕が書いたこの本を読んでいただき誠にありがとうございます。

　という、よく見かけるこのフレーズをまさか自分が書く日が来るとは夢にも思っていませんでした（笑）。

　僕は高校生の頃からよく本を読んでいて「一度きりの人生、どうせならいつか本を書いてみたいな」とぼんやりと頭の中にはあったのですが、それが実現することになって感無量です。

　自分が死んだとしても、本という形で自分の生きた証、エッセンスがこの世界に刻まれる感覚があって、すごく良いなと思っています。

　こういうきっかけをもらえたのはYouTubeのおかげなので、ここで少しYouTubeの話を。

　僕がYouTubeで情報発信するときに心がけているのは、観た人が、何か心動くような、つい行動したくなってしまうようなドキドキワクワクするようなそんな動画です。

　勉強になる投資の情報発信をしている人は世の中にたくさんいます。しかし、そういった人たちはこれまでテレビ、本、ラジオを主として情報発信をしていました。それが今や

YouTubeという自由なプラットフォームの上で、外資系の金融機関に勤めていた経験があるという、一流のプロも情報発信をしています。

普通の個人投資家じゃ絶対に知り得ないような機関投資家の裏話とか、本当に有料級の情報が無料で手に入る、そんな時代です。

革命が起きています。

今は芸能人もYouTubeチャンネルを持っているのが当たり前の時代で、どのジャンルもまさに戦争です。そんな中で自分はどう戦っていくのかを常に模索しながらやっています。

答えはないので、常に視聴者さんのニーズに合わせて僕自身も変化をしながら投資の情報発信活動を続けていきます。

とにもかくにも、動画やライブ配信を通じて、居心地の良さだったり、ちょっとした日常の楽しみだったりを提供できればいいなと思います。

視聴者さん参加型企画のライブ配信で知らないことが知れた、世の中にはこんな人がいるのか、面白い話、株で損した切ない話などなど、どれがどの人の心に刺さるかはわかりませんが、いろいろやっていきます。

僕との出会いが、あなたの人生に1ミリぐらい良い影響を与えられていればうれしいです。

今後もよろしくおねがいいたします。

以上！

2021年2月　株の買い時

株の買い時（かぶのかいどき）

30代の個人投資家。8年前より投資を開始し、100万円簡単に損したことをきっかけに本格的に株の勉強を始める。
現在は日本の中小型成長株を中心に、年間20％ほどの利益を上げている。
株初心者向けに開設したYouTube「株の買い時を考えるチャンネル」の登録者数は14万人（2021年1月時点）。

YouTube【株の買い時を考えるチャンネル】
https://www.youtube.com/channel/UCoADGOCHt0bH5K-S8eL_kwg
Twitter【@kabunokaidoki】
https://twitter.com/kabunokaidoki

最短でラクラク2000万
手堅く稼ぐ! 成長株集中投資術

2021年2月26日　初版発行
2024年5月30日　5版発行

著者　　株の買い時

発行者　山下直久

発行　　株式会社KADOKAWA
　　　　〒102-8177　東京都千代田区富士見2-13-3
　　　　電話0570-002-301（ナビダイヤル）

印刷所　大日本印刷株式会社